Semantische Figuren in der Übersetzung

Ein Spiel mit Wort und Werk

von

Lucyna Wille

Tectum Verlag
Marburg 2003

Wille, Lucyna:
Semantische Figuren in der Übersetzung.
Ein Spiel mit Wort und Werk.
/ von Lucyna Wille
- Marburg : Tectum Verlag, 2003
2003
ISBN 978-3-8288-8493-9

© Tectum Verlag

Tectum Verlag
Marburg 2003

Meiner Mutter und meinem Vater

INHALTSVERZEICHNIS

EINLEITUNG 9

1. LITERATUR UND INTERPRETATION 21

   1.1. Dialogizität der Literatur in den Dialogen von Plato 21
   1.2. Hermeneutik als Methode der Geisteswissenschaften 23
       1.2.1. Zum Begriff der Hermeneutik 23
       1.2.2. Bibelexegese 25
       1.2.3. Die romantische Hermeneutik 26
       1.2.4. Das Kunstwerk und die Wahrheit 34
       1.2.5. Das Kunstwerk als Spiel 36
       1.2.6. Spielerische Aneignung des Kunstwerkes bei Paul Ricoeur 40

   1.3. Die Leerstelle im Aufbau des literarischen Werkes 42

2. ZIELSETZUNGEN DER ÜBERSETZUNGSSTUDIEN 47

   2.1. Vorüberlegungen 47

   2.2. Der Äquivalenzstreit 50
       2.2.1. Totale Assimilation 51
       2.2.2. Totale Ablehnung 54

   2.3. Ausgewählte Auffassungen des Äquivalenzbegriffes 57
       2.3.1. Eugene Nida: Dynamische Äquivalenz 57
       2.3.2. Katharina Reiß: Äquivalenz gegen Adäquatheit 59
       2.3.3. Otto Kade: Äquivalenz als Lexikonverhältnis 61
       2.3.4. Werner Koller: Textlinguistische Auffassung 62
       2.3.5. Gideon Toury: Äquivalenz als Norm 63
       2.3.6. Anthony Pym: Äquivalenz als Tauschwert 64
       2.3.7. Ein methodologisches Postulat: Äquivalenz als Spielwert 65

2.4. Die Übersetzung als Gesellschaftsauftrag 73
2.4.1. Die Skopostheorie entgegen die Manipulation 74
2.4.2. Die Übersetzung als Kulturtransfer 76
2.4.3. Die Übersetzung als normgesteuerte Aktivität 79

2.5. Besonderheiten der künstlerischen Übersetzung 80
2.5.1. Reproduktion versus Manipulation 81

3. BEGRIFFSBESTIMMUNG UND METHODE 87

3.1. Ein Werk in Parallelfassung versus Übersetzung 87

3.2. Große und kleine semantische Figuren 89
3.2.1. Die Figur und der Grund 89
3.2.2. Semantische Figuren 93

3.3. Die Grenzen der Übersetzungskritik, Übersetzungstheorie und Übersetzungswissenschaft 95

3.4. Das Polysystem der Zielkultur 97

3.5. Der große und kleine hermeneutische Übersetzungszirkel 101

3.6. Die übersetzerische Mehrwertsteuer 104

3.7. Die Funktion der Leerstelle in der Übersetzung 107

3.8. Die Methode 110
3.8.1. Methodologische Ansätze 110
3.8.2. Das Verfahren 114

4. ÜBERSETZERISCHE VARIATIONEN DER SEMANTISCHEN FIGUREN: FALLSTUDIEN 119

4.1. Die Symbolik der Titelfiguren 119
4.1.1. Die Blechtrommel 123
4.1.2. Katz und Maus 127
4.1.3. Hundejahre 129
4.1.4. Unkenrufe 131
4.1.5. Der Butt 135

4.2. Semantische Figuren der *Blechtrommel* 137
    4.2.1. Oskar Matzerath 137
    4.2.2. Goethe und Rasputin 140
    4.2.3. Niobe 144
    4.2.4. Die schwarze Köchin 146
    4.2.5. Die Krankenschwester 148
    4.2.6. Die Stäuber 150

4.3. Semantische Figuren von *Katz und Maus* 151
    4.3.1. Der Schlagball 151
    4.3.2. Joachim Mahlke 154

4.4. Semantische Figuren der *Hundejahre* 156
    4.4.1. Die Vogelscheuche 156
    4.4.2. Die Schicht 159
    4.4.3. Heidegger 161

4.5. Semantische Figuren des *Butt* 163
    4.5.1. Die Weiblichkeit versus Männlichkeit 163
    4.5.2. Der phallische Gott 167
    4.5.3. Das Tribunal 167

4.6. Semantische Figuren der *Unkenrufe* 169
    4.6.1. Der historische Hintergrund 169
    4.6.2. Aleksandra Piątkowska 171
    4.6.3. Alexander Reschke 174
    4.6.4. Verschlucken der Kröte 175

SCHLUSSBEMERKUNGEN: DAS SPIEL MIT WORT UND WERK 179

BIBLIOGRAPHIE 187

EINLEITUNG

In der Wissenschaft besteht keine Einigkeit darüber, wie und nach welchen Kriterien Übersetzungstexte untersucht, ausgewertet und bewertet werden sollten. Die Komplexität des Textes an sich, dem Multidimensionalität in Form von Aspektmehrzahl zu Eigen ist, erhöht den Schwierigkeitsgrad der Forschungsaufgabe. Durchaus plausibel klingt die Argumentation von Gerzymisch-Arbogast (1994), die den angehenden Forscher auf die Notwendigkeit hinweist, sich jeweils – angesichts der Unmöglichkeit der Erfassung von Totalität der textgestaltenden Faktoren – auf ausgewählte Aspekte der Übersetzung zu konzentrieren.[1] Die treue Wiedergabe des Sachgehalts oder die Beibehaltung der künstlerischen Sprachform sind bei der Auswertung einer Übersetzung die gängigen Beispiele für die zu berücksichtigenden Aspekte.

Im Allgemeinen zweifelt man nicht an der Andersartigkeit eines literarischen Textes, dessen essentielles Charakteristikum sein ästhetischer Wert ist, gegenüber dem nicht literarischen, und dementsprechend auch an der grundsätzlichen Unterschiedlichkeit der Aufgabe eines Literaturübersetzers gegenüber der Aufgabe eines Fachübersetzers.[2] Der Letztgenannte berücksichtigt vor allem die Referentialität seiner Vorlage und trachtet in erster Linie nach deren sachlicher Wiedergabe. Dem Erstgenannten obliegt es

---

1 Gerzymisch-Arbogast, die sich auf Mudersbach beruft, schildert die so genannte Aspektra-Methode, deren Wesen in der Erstellung einer Matrix mit zu berücksichtigenden Aspekten des Translats besteht.

2 Zur Verallgemeinerung wird hier davon abgesehen, dass sich viele Texte nur auf Grund ihrer Dominante und nur sehr schwer einem Typ bzw. einer Sorte zuordnen lassen; in der Konsequenz ringen manchmal der Fachübersetzer und der Literaturübersetzer mit den gleichen Problemen. So hat zum Beispiel der Übersetzer des Romans *Auf den Marmorklippen* von Ernst Jünger stellenweise bloß einen botanischen Text vor Augen.

hingegen, auch die ästhetischen Werte zu vermitteln, die das Original zu einem Kunstwerk erheben.

Es liegt eine Reihe von methodologischen Postulaten vor, wie literarische Übersetzungen wissenschaftlich untersucht werden können; alle sind durch Unzulänglichkeiten gekennzeichnet, die bei längeren Texten – wie Romanen – besonders deutlich sichtbar werden. Die Methode der Rückübersetzung zwecks Feststellung der Transformationen und Änderungen, die der Übersetzer vorgenommen hat, müsste dem Forscher im Fall eines Romans als absurde Qual vorkommen. Wenn auf diese Weise nur ausgewählte, als besonders relevant qualifizierte Textstellen untersucht werden, wird die Kritik automatisch für die Frage nach der Legitimität der Auswahl bestens ausgerüstet. Die Anwendung der Rückübersetzung an einzelne Bilder im Sinne der kognitiven Linguistik unterbaut nur – wie von Tabakowska (1993) glaubwürdig gezeigt – die übersetzungstheoretische Skepsis, indem jeder Übersetzung Unadäquatheit angehängt werden kann. Die Suche nach zielkulturbedingten Übersetzungsnormen nach dem Programm von Toury (1978) führt wiederum weg von dem eigentlichen Prozess der Übersetzung, indem die Frage nach Äquivalenz zwischen Original und Wiedergabe aufgelockert bis aufgehoben wird.

Die vorliegende Arbeit bietet keinen revolutionären Neuansatz in der Übersetzungsforschung, sondern nur eine alternative Methode, an die literarische Übersetzung heranzugehen. Es wird vorgeschlagen, semantische Figuren – als organisierte Bedeutungseinheiten höheren Grades – komparativ zu untersuchen, und zwar um festzustellen, wie sie durch die Wortwahl des Translators nuanciert, variiert und neu angeordnet werden bzw. werden können. Die Methode ist hauptsächlich für die Untersuchung des Werkes eines Autors konzipiert worden, denn nur in diesem Fall können semantische Figuren partiell in ihrer Redundanz erfasst werden, wenn sie in mehreren Texten des Autors aufgegriffen oder neu variiert werden. Dies wird im Folgenden am Korpus der ausgewählten Werke von Günter Grass in polnischer und englischer Übersetzung präsentiert.

Zur Methode gehört der parallele Rückgriff auf zwei verschiedensprachige Translate[3]; dadurch kommen deutlicher die Spielräume zum Vorschein, die von verschiedensprachigen Übersetzern auf Grund ihrer Herkunft und der Potenzen ihrer Muttersprache, aber auch ihrer persönlichen Veranlagung, unterschiedlich gehandhabt werden.

Das Schaffen eines Schriftstellers wird wissenschaftlich immer wieder durch Identifizierung und Herstellung der Bezüge einzelner Werke aufeinander als ein zusammenhängendes Ganzes erfasst. Folgerichtig wird hier vorgeschlagen, auch die übersetzte Fassung der Werke eines Autors als Forschungskorpus anzusehen und ihn auf den Aspekt der semantischen Figuren zu untersuchen, die in der Übersetzung und durch die Übersetzung auf spielerische Art und Weise modifiziert, nuanciert und neu abgestimmt werden.

Die Einsicht in die Handhabung der semantischen Figuren ermöglicht somit zugleich, das Spielerische an der Übersetzung zu zeigen. Das Spiel wird in der intuitiven Bedeutung des Wortes aufgefasst; es meint sowohl den Unterhaltungsevent, der nach bestimmten, zeitlich variablen Regeln ausgetragen wird, als auch die Ausdrucksweise des nativen Spielinstinkts des Homo ludens, der – bewusst oder unbewusst – Befriedigung als einzigen Zweck verfolgt, an jeglicher pragmatischer Zielsetzung vorbei. Der Übersetzer handelt nämlich nach Regeln, die durch den Forscher rekonstruiert und als Normen abgestempelt werden. Die Regeln werden auch überschritten und die Überschreitungen – anfangs als Fehlleistungen qualifiziert – tragen zur Modifikation der Regeln bei (Toury 1999).

Eine andere Gemeinsamkeit zwischen Übersetzertätigkeit und Spiel ist der Stellenwert der Wahl: ein vollzogener Zug determiniert den anderen, indem er viele andere ausschließt. Jedoch der Übersetzer – wie auch der Spieler –

---

3   In Frage kämen im Rahmen der postulierten Methode sowohl mehr als zwei Translate eines und desselben Originaltextes, als auch Translate in einem anderen Sprachpaar als Polnisch und Englisch. Die Wahl muss in den Sprachkompetenzen des jeweiligen Forschers begründet sein, was in meinem Fall das Sprachpaar Polnisch-Englisch determiniert hat.

hört nie auf, als Homo ludens zu agieren. Er nimmt die Gelegenheit wahr, mit dem Stoff seiner Vorlage zu experimentieren, ihn nach spielerischer Potenz zu befragen. Aus dem Dialog, den der Übersetzer mit dem Text führt, ergeben sich neue Assoziationen und Impulse für den Kreislauf des menschlichen Denkens, dessen Aufrechterhaltung nach Heidegger mit der eigentlichen Bestimmung des Kunstwerkes identisch ist.[4]

Es soll deutlich unterschieden werden zwischen Rückübersetzung als Forschungsmethode der Übersetzungswissenschaft und Rückübersetzung als Hilfsmittel zur Illustration der vorgelegten These oder zur Information des Lesers, der mit der betreffenden Übersetzungssprache möglicherweise wenig oder gar nicht vertraut ist. Im ersteren Fall kann sich der Forscher sogar an eine ihm selbst wenig bekannte Sprache heranwagen, indem die Rückübersetzung von einer anderen, sprachkundigen Person angefertigt wird. Im letzteren Fall liefert der Wissenschaftler seinen Lesern fairerweise die Übersetzung fremdsprachigen Materials in die Sprache der Ausführung; wenn diese mit der Sprache des Originals identisch ist, liegt eine Rückübersetzung vor. Die vorliegende Abhandlung enthält haupsächlich Rückübersetzungen in der zweitgenannten Funktion. Als Polin darf ich nämlich nicht automatisch davon ausgehen, dass mein potentieller Leser Polnisch kann, wenn er kein Pole ist. Im Fall eines Polen, der Deutsch kann, wäre wiederum automatisches Voraussetzen seiner Englischkenntnisse unberechtigt.

Die Feststellung, dass sich ein literarisches Werk in übersetzter Fassung vom Original unterscheidet, klingt für den Fachmann wie eine abgenutzte Binsenwahrheit. Aber der gewöhnliche Leser, der möglicherweise nie auf Eigenarten des Phänomens *Übersetzung* aufmerksam gemacht wurde, setzt doch die übersetzte Werkfassung, die einzige ihm zugängliche Ausferti-

---

4   Diese These ist in Heideggers Abhandlung *Der Ursprung des Kunstwerkes* enthalten. Der echte, über seine Entstehungszeit hinaus reichende Wert eines Kunstwerkes besteht in dessen „Dialogfähigkeit". Das Werk besteht, solange es die Kraft aufrechterhält, neue Generationen von Rezipienten zur Auseinandersetzung mit seinem Ideengut einzuladen.

gung des Werkes, mit unbedachter Selbstverständlichkeit dem Original gleich. Der Genuss, aber auch der Ärger oder die Enttäuschung, die sich aus der Lektüre ergeben, werden somit automatisch auf die Leistung bzw. Fehlleistung des Originalautors zurückgeführt, während es sich des Öfteren teilweise oder sogar ausschließlich um Ergebnisse der Übersetzerarbeit handelt. Die im Original dargestellte, schon allein durch anderssprachigen Wortlaut der übersetzten Fassung variierte Welt, wird durch konkrete sprachlich-formale Lösungen des Translators modifiziert, der aus diesem Grund manchmal zu Recht als Co-Autor des Werkes angesehen wird.

Eine andere Binsenwahrheit wohnt der Feststellung inne, dass die Übersetzung eines literarischen Textes doch nicht in erster Linie für die Fachleute bestimmt ist, die das Werk profunden wissenschaftlichen Analysen unterziehen. Die Experten haben meistens durch ihre Originalsprachkenntnisse direkten Zugang zum Originalwerk, zitieren in ihren Abhandlungen aus dem Original und prägen teilweise eigene Wiedergaben mancher Kernwörter. Sie knüpfen auch an die Ergebnisse muttersprachlicher Wissenschaftler an. Eine Recherche innerhalb von wissenschaftlichen Beiträgen, mit dem Ziel, die Beeinflussung der Werkrezeption durch bestimmte Varianten der Übersetzung zu erschließen, wäre aus diesem Grund allein wohl kaum ergiebig.

Da der literarische Text vor allem für seinen potentiellen, der Originalsprache nicht mächtigen Leser übersetzt wird, erscheint es sinnvoll, die Untersuchung der interpretatorischen Potenzen vorzunehmen, die in den semantischen und pragmatischen Schichten des Übersetzungstextes stecken und durch die Leistung des Translators freigegeben werden. Aufschlussreich können bei diesem Unternehmen sowohl die Abweichungen von der Übersetzungsvorlage ausfallen, sowie die Übersetzungsstrategien und Techniken, die dem Ziel untergeordnet sind, eine möglichst weit gehende Treue dem Original gegenüber zu bewahren. Eine solche Untersuchung könnte sehr wohl dem Stil des Übersetzungstextes gelten, deren Einzigartigkeit den Wert und Rang des Werkes bestimmt. In diesem Sinne könnten stilistische Mittel verglichen werden, deren sich die Übersetzer bedienen, um den

Sachgehalt, die Atmosphäre, die Stimmung und die Botschaft des Originaltextes wiederzugeben. Zu diesem Thema gibt es eine ganze Reihe von Fallstudien und theoretischen Abhandlungen, deren Methode in der vergleichenden Analyse der Parallelstellen des Originals und der Übersetzung besteht. Auf die Untersuchung des Stils der Übersetzung, als Gesamtheit der eingesetzten stilistischen Mittel, wird in der vorliegenden Abhandlung weitgehend verzichtet. Stattdessen werden hier, wie bereits angedeutet, semantische Figuren untersucht, d. h. konzeptualisierte Gesamtbilder von Bedeutungsträgern höheren Grades, die sich der Leser im seriellen Prozess der Werkrezeption zu einem kohärenten Ganzen zusammenfügt. Den Schwerpunkt der Untersuchung stellt somit die Wortwahl dar: Es wird gezeigt, wie die Selektion im Sinne der kognitiven Linguistik sich auf die Konturen der semantischen Figur auswirkt, indem in der Übersetzung – durch die Eigenschaften des anderen Sprachsystems, aber auch des neuen Hintergrunds des Lesers als Angehöriger einer fremden Kultur – neue semantische und pragmatische Bezüge hergestellt werden. Die Begriffe *Semantik* und *Pragmatik* der Sprache werden im Folgenden verwendet, obwohl die hier dargelegte Methode auf der kognitiv-linguistischen Auffassung der Sprache gründet, nach der die Grenze zwischen Semantik und Pragmatik grundsätzlich aufgehoben wird.

Die vorliegende Abhandlung ist interdisziplinär angelegt. Ihre theoretischen Voraussetzungen sind in den Bereichen der Sprachphilosophie, Texthermeneutik, Textlinguistik, kognitiven Linguistik, Literaturtheorie und der Deskriptiven Translationsstudien zu finden. Die hier vertretene Auffassung eines literarischen Werkes entspricht dem hermeneutischen Verständnis eines Sprachwerkes, das seinem Wesen nach dialogischen Charakter hat und in seiner Existenzweise kein autonomes, sondern nur im rezipierenden Bewusstsein des Lesers verankertes Gebilde darstellt.

Es ist das Verständnis eines offenen Werkes im Sinn von Eco,[5] das zugleich für Erweiterung in die Richtung der Pragmatik von Rorty[6] offen bleibt. Es wird angenommen, dass die Übersetzung eine Existenzweise des Werkes darstellt, dessen Fortdauer sie sichert und dessen Wirkungskraft sie aufrechterhält.

Paul Ricoeur versteht die Literaturproduktion als Einladung zu einem Spiel, in dem der Autor eine kostümierte Rolle übernimmt und seinem Leser die Freiheit einer Rollenwahl überlässt.[7] Die literarische Übersetzung

---

5   Eco, der sich auf Barthes und Pousseur beruft, erörtert die Begriffe der Geschlossenheit und Offenheit des Kunstwerkes. Er schreibt: „Einerseits ist ein Kunstwerk nämlich ein Objekt, in dem sich sein Schöpfer ein Gewebe von kommunikativen Wirkungen derart organisiert hat, dass jeder mögliche Konsument (über das als Stimulans von Sensibilität und Intellekt empfundene Spiel von Antworten auf die Konfiguration der Wirkungen) das Werk selbst, die ursprünglich vom Künstler imaginierte Form nachverstehen kann. In diesem Sinne produziert der Künstler eine in sich geschlossene From und möchte, dass diese Form, so wie er sie hervorgebracht hat, verstanden und genossen werde; andererseits bringt jeder Konsument bei der Reaktion auf das Gewebe der Reize und dem Verstehen ihrer Beziehungen eine konkrete existentielle Situation mit, eine in bestimmter Weise konditionierte Sensibilität, eine bestimmte Bildung, Gecshmacksrichtungen, Neigungen, persönliche Vorurteile, dergestalt, dass das Verstehen der ursprünglichen Form gemäß einer bestimmten individuellen Perspektive erfoglt. (...) Jede Rezeption ist so eine *Interpretation* und eine *Realisation*, das bei jeder Rezeption das Werk in einer originellen Perspektive neu auflebt (Eco 1977: 30).

6   Richard Rorty, mit dem Eco polemisiert, hebt den Unterschied zwischen Interpretation und Verwendung des Textes auf; dies führt zur Destruktion des Interpretationsverständnisses, nach dem die Legitimität einer Interpretation im Wortlaut des Textes begründet ist, bzw. nur bestehen kann, falls die durch den Wortlaut des Textes nicht widerlegt werden kann (Rorty 1996).

7   Ausführungen in diesem Sinn sind im Essay *Appropriation* (1981) enthalten. Die Parallele zwischen Spiel und Kunstwerk besteht nach Ricoeur darin, dass in beiden bloß etwas dargestellt, und nichts wirklich, ernst gemeint ist. Der Autor selbst übernimmt dabei eine Rolle, indem er sich mit seinen Figuren identifiziert oder als Erzähler fungiert. Der Leser beteiligt sich am Spiel des Werkes, indem

wird im Folgenden, im Anschluss an dieses Konzept von Ricoeur, in ihrer Spielartigkeit aufgefasst. Mit Spiel ist jedoch, wie von Heibert ausgeführt, nicht nur das Ausleben eines Triebs gemeint, sondern auch das Austragen eines Events nach vorgegebenen Regeln, sowie der trotzige Verstoß gegen die Regeln,[8] der möglicherweise mit der Zeit zur Änderung der Regeln beiträgt.

Die Untersuchung der literarischen Übersetzung wird hiermit als Beitrag zur Literaturwissenschaft postuliert; bei dieser Untersuchung geht es weder um die Zusammenstellung präskriptiver Kriterien einer guten Übersetzungsproduktion, noch um die bloße deskriptive Darbietung der Strategien und Techniken des Translators. Die Untersuchung literarischer Übersetzung sollte vielmehr auf spielerischen Umgang mit dem Text ausgerichtet sein: Die Übersetzung erscheint dabei als eine Form des Spiels, dessen Regeln sowie konkrete Züge durch objektive und subjektive Faktoren determiniert sind. Das oben geschilderte Verständnis des Verhältnisses zwischen Übersetzung und Literaturwissenschaft markiert jedoch nur eine Philosophie der Übersetzung, die den folgenden Ausführungen zugrunde liegt.

---

er der dargestellten Welt, zumindest vorübergehend, Glauben schenkt und sich so verhält, als ob sie real wäre.

8   Heibert, dessen Abhandlung der Übersetzung des Wortspiels gewidmet ist, schreibt:
„Zwei Aspekte tauchen jedoch in allen Definitionen des Spielbegriffs auf: einerseits >Spiel< als Haltung, als psychische Befindlichkeit, als Trieb, unterschieden (wenn auch nicht im völligen Gegensatz) vom >Ernst< und andererseits >Spiel< als in sich abgeschlossener Vorgang, der im Zusammenhang steht mit dem Begriff der >Regeln< (...). Beide Aspekte lassen sich wieder finden in Gesellschafts- oder Kinderspielen, die ernste, >erwachsene< Situationen nachstellen, nachspielen, indem sie regelkonformes Verhalten bzw. Regelübertretungen (inkl. Belohnungen und Strafen) einüben. Vergleichbar ist der Umgang eines Wortspielautors mit der Sprache und ihren Regeln, ist seine Aufdeckung von Widersprüchen, Schwächen, Lücken im Sprachesystem (...), sind seine punktuellen Regelübertretungen bzw. Grenzüberschreitungen im Sinne einer Weiterentwicklung der Möglichkeiten der Sprache" (1993: 15).

In den letzten Jahrzehnten werden in der Übersetzungstheorie die Weichen immer mehr in die Richtung außerlinguistischer Faktoren verschoben, die bei der Erstellung des Endprodukts, eines buchmarktfähigen Übersetzungstextes, ausschlaggebend sind. Dabei wird zur Zeit eine doppelte Sprachkompetenz des Übersetzers kaum mehr thematisiert; sie scheint vielmehr im Begriff von dessen Professionalismus inbegriffen zu sein und stellt als solche eine unabdingbare Voraussetzung für die Berufsausübung dar. In den Vordergrund wird hingegen eine doppelte Kulturkompetenz des Translators gestellt, die inzwischen allgemein als eine *conditio sine qua non* einer gelungen literarischen Übersetzung[9] angesehen wird, genauso wie in einem anderen Bereich erst das Fachwissen den Übersetzer zur Übertragung eines Fachtextes in die Fremdsprache befähigt.

Die doppelte Verankerung der Übersetzerkompetenz, im Kulturkreis des Originals und dem der Übersetzung, betrifft die beiden großen Aufgabenbereiche des Übersetzers. Auf der einen Seite ermöglicht sie ihm die Erfassung der vertexteten, sowie der nur gemeinten und implizierten Inhalte. Auf der anderen Seite befähigt die doppelte Kulturkompetenz den Übersetzer dazu, translatorische Entscheidungen zu treffen und zu verifizieren. Letzteres erfolgt auf der Basis seines Lesermodells, einer fundierten Vorstellung vom potentiellen Empfänger der übersetzten Werkfassung, mitsamt dessen Erwartungen und Vorurteilen.[10]

---

9   Dies bedeutet jedoch keineswegs, dass es lediglich die literarische Übersetzung ist, bei der eine doppelte Kulturkompetenz des Übersetzers von entscheidender Bedeutung ist.

10 Lipiński verwendet hierfür das Begriffspaar *Makrokontext A: Makrokontext B*. Makrokontext A meint „die gesamte Betrachtungsperspektive, die sich aus der kontextuellen Einbettung des Ausgangstextes ergibt – er umfasst entstehungs- und ggf. rezeptionsgeschichtliche Fragen (...) übersetzungsrelevante Eigenschaften der Ausgangssprache, Realien, Soziales, Tradition und all das, was zum Erfassen der Vorlage notwendig ist". Makrokontext B bezeichnet „die Umgebung, in die der entstehende Zieltext perspektiviert wird – Zielsprache mit ihren übersetzungsrelevanten Merkmalen. (...)Realien, Soziales, Tradition und alles, was das Verständnis des ZT (Zieltextes – L.W.) erleichtern oder beeinträchtigen kann" (1989: 19).

Die übersetzungstheoretische Schule der Manipulisten[11] schlägt einen Kompromiss mit einer vollendeten Tatsache vor, nämlich der Manipulation des Originalwerks in der Übersetzung und durch die Übersetzung, und zwar mit dem Ziel, dieses Werk leserkonform auszugestalten, um dadurch dessen Wirkungskraft aufrechtzuerhalten. Der Kompromiss besteht darin, der negativen Konnotation des Terminus *Manipulation* entgegenzuwirken und ihm seine etymologisch belegte, legitime Bedeutung einer *Handhabung* anzuerkennen. Aus dieser Grundeinstellung hat sich eine wissenschaftliche Orientierung entwickelt, in deren Rahmen die Mittel und Wege untersucht werden, wie der Übersetzer der Empfängerkultur gerecht zu werden sucht: Deskriptive Translationsstudien, deren prominenteste Vertreter in den Benelux-Ländern, Israel und Großbritannien wirken (u. a. Lambert, Delabastita, Leuven-Zwart, Toury, Even-Zohar, Hermans, Bassnett-McGuire).

Die vorliegende Abhandlung verfolgt in einiger Hinsicht die Richtlinie der Deskriptiven Translationsstudien; einen wesentlichen Teil der Studie stellen – dem Hauptpostulat der Translationsstudien entsprechend – empirische Vergleichsanalysen dar; von der Bewertung der Übersetzung in den Kategorien *gut* oder *schlecht* wird im Allgemeinen abgesehen (obwohl ein totaler Verzicht darauf als unmöglich angesehen wird und Hinweise auf evidente, sowie mutmaßliche Übersetzerfehler durchaus erfolgen), es wird nach Regelmäßigkeiten gesucht, die sich als Normen qualifizieren lassen. Es ist der Text der Übersetzung, nicht des Originals, der als Ausgangspunkt der Analysen fungiert.

In einiger Hinsicht variiert jedoch die vorliegende Untersuchung die Richtlinien der Deskriptiven Translationsstudien. Den Ansatzpunkt der Analysen liefert eine direkte Gegenüberstellung von zwei Translaten, dem englisch- und dem polnischsprachigen, während das Original als *tertium comparati-*

---

11 Der Begriff wurde auf Grund einer Formulierung von Theo Hermans geprägt, der jegliche literarische Übersetzung als *Manipulation der Vorlage für einen bestimmten Zweck* bezeichnet hat (1985: 11). Näheres dazu wird im Kapitel *Interpretation versus Manipulation* dargeboten.

onis herangezogen wird. Dieses Verfahren wird zugleich als methodologisches Postulat für literarische Translationsstudien vorgeschlagen. Außerdem wird als Unterlage nicht – wie von Manipulisten empfohlen – die Mehrzahl der Übersetzungen eines bestimmten Werks in eine Sprache, bzw. die Gesamtheit der übersetzerischen Leistungen eines einzigen Translators als Vorlage herangezogen, sondern das ausgewählte Werk eines Originalautors. Die Übersetzungsvorlage weist dadurch eine gewisse weitgehende Einheitlichkeit des Stils und Gedankenguts auf, was nach Einfluss auf Übersetzungsstrategien des Gesamtwerks untersucht werden kann. Die vorliegende Abhandlung behandelt detailliert nur ein Element des Stils, nämlich die Wortwahl als Selektion im Sinne der kognitiven Linguistik. Es wird gezeigt, wie die Selektion das Wechselspiel der semantischen Figuren beeinflusst und dadurch alternative Lesarten generiert.

Ein direkter Vergleich von zwei Translaten vor dem Hintergrund des Originals verspricht ergiebig zu sein, weil dadurch die Konturen der Grundstrategien von zwei Übersetzern eher sichtbar werden und die Beweggründe ihrer Entscheidungen sich einfacher anbieten. Die Bemühung des polnischen Übersetzers um die möglichst optimale Wörtlichkeit seines Produkts, zum Teil auf Kosten der Durchsichtigkeit des Inhalts, wird evident durch die Konfrontation mit der englischsprachigen Übersetzung, deren Priorität die Verständlichkeit des Inhalts darstellt.

Empirischer Gegenstand der vorliegenden Untersuchung ist ausgewählte Prosa von Günter Grass in polnischer und englischer Übersetzung: *Danziger Trilogie*, sowie die Romane *Unkenrufe* und *Der Butt*, jeweils in Bezug auf das Original. Zwischen Deutsch und Englisch bestehen bekanntlich linguistische Parallelen, die sich aus der gemeinsamen Sprachgeschichte ergeben. Zwischen Deutschen und Polen als Adressatengruppen des Werkes gibt es Gemeinsamkeiten völkergeschichtlicher Art. Der Einfluss der genannten Faktoren auf die Finalgestalt der beiden Übersetzungstexte wird im Folgenden mit berücksichtigt. Jedoch handelt es sich dabei nicht um die bloße Zusammenstellung der linguistischen Differenzen zwischen der Vorlage und deren beiden anderssprachigen Fassungen; vielmehr soll gezeigt werden, wie sich diese Differenzen auf die im Übersetzungstext nach

Vorbild des Originals dargestellte Welt auswirken. Auf der einen Seite wird auf die neuen, im Original nicht vorgegebenen Auslegungsmöglichkeiten und Lesarten hingewiesen, die sich durch die neuen semantischen Felder des anderssprachigen Vokabulars für den Leser als Interpret eröffnen. Auf der anderen Seite werden die Mittel beleuchtet, deren sich die Übersetzer bedienen, um dem Original gerecht zu werden, wie sie dieses Gerechtwerden verstehen und welche Konzessionen sie eingehen. Kompromisse gehören nämlich unumgänglich, wie Levy bereits bemerkte, selbst zu einer guten Übersetzung (1969: 58).

Im Folgenden handelt es sich auch nicht um die Untersuchung der Eigenarten der Leistung eines konkreten Übersetzers, obwohl das konkrete Untersuchungsmaterial freilich nur mit solchen Leistungen zusammenfallen kann. Es geht vielmehr darum zu zeigen, wie die Übersetzerentscheidungen im Bereich der Selektion die semantischen Figuren der Vorlage variieren, sowie deren Bezüge aufeinander manipulieren, d. h. herstellen, aufheben, betonen, kaschieren oder aufrechterhalten. Dafür wurden entsprechend die Begriffe der *Fabrikation, Annihilation, Ampflikation, Reduktion* und *Konservation* geprägt.

Es gilt zu betonen, dass die meisten Übersetzungen der Prosa von Grass ins Englische von dem 1992 verstorbenen Amerikaner Ralph Manheim angefertigt wurden. Da seine Übersetzungen jedoch auch für den britischen Leser bestimmt waren, in Großbritannien verlegt wurden und somit im englischsprachigen Raum fungieren, wird der Übersetzer ins Englische im Folgenden zur Vereinfachung als englischer Übersetzer bezeichnet und seine Leistung als englische Übersetzung.

1. LITERATUR UND INTERPRETATION

1.1. Dialogizität der Literatur in den Dialogen von Plato

Eric Havelock weist in seinem Buch (1992) auf den monologischen Charakter der oralen Literatur vor Plato hin. Der orale Charakter meint dabei nicht die Tatsache schlechthin, dass diese Literatur nicht schriftlich, sondern nur mündlich verbreitet wurde. Vielmehr handelt es sich um das Verständnis der Literatur als Sprachrohr eines „oralen Denkens", das sich in einer Mitteilung und deren Akzeptanz erschöpft und deswegen als monologisch bezeichnet wird. Ziel der Mitteilung ist es nämlich nicht, eine Reflexion in Gang zu setzen, einen Gedankenaustausch zu initiieren oder eine Idee zum Wahrheitsstreit zu liefern, sondern lediglich die Eröffnung einer „Einbahnstraße" für die vom Sprecher bzw. Autor zusammengestellten Inhalte, die dementsprechend nicht kritisch verarbeitet, sondern passiv zur Kenntnis genommen werden sollen.

Die philosophischen Schriften von Plato, die auch zu Literaturwerken zählen, sind allgemein als seine Dialoge bekannt. Der seinem Wesen nach dialogische Charakter der Literatur wird somit auch auf formaler Ebene reflektiert. Plato liefert philosophische Diskurse als Gespräche, die durch einen Moderator geleitet werden und dessen Ziel es ist, einen Konsens über den Inhalt der Allgemeinbegriffe zu erzielen. Als Moderator und Hauptakteur seiner Dialoge lässt Plato gewöhnlich seinen Meister Sokrates fungieren, der bekanntlich für seine Aktivitäten zum Tode verurteilt wurde.[12] Die

---

12 Die Anklage nennt zwei Vorwürfe gegen Sokrates, die das Todesurteil begründen: *Nichtanerkennung der vom Staat anerkannten Götter und Demoralisierung der Jugend durch gottlose Lehren.* Der erstere Vorwurf lässt sich zur Skepsis gegenüber den traditionell als heilig angesehenen Werten umformulieren. Der letztere ist mit einer Einladung zu unvoreingenommenem, selbständigem Denken identisch.

berühmte Sokratische Methode der Suche nach Wahrheit als verbindliche Definition eines Begriffs wird als *elenktisch* oder *mäeutisch* bezeichnet. Dabei erfasst das erste Attribut den Charakter des Verfahrens, in dem Argumente auf Gegenargumente stoßen und das Ergebnis aus der Wechselwirkung der Gegensätze resultiert. Das zweite Attribut stellt eine Metapher dar: Das Verfahren erinnert an die Mühe einer Hebamme. Wie diese dem Kind auf die Welt, so hilft das mäeutische Verfahren der Wahrheit auf die Welt. In den Dialogen von Plato wird die *Bedeutung der Begriffe* wie Freundschaft, Heiligkeit, Schönheit, Klugheit, Tugend zur Debatte gestellt. Der Dialog dauert so lange, bis der Gesprächspartner des Moderators den Sinn des diskutierten Begriffs erfasst und akzeptiert hat, den der Moderator jedoch von Anfang an anvisiert und mit herausarbeitet.

Der Bezug der obigen Ausführungen auf die Übersetzungsproblematik mag auf den ersten Blick sehr entfernt sein, ist jedoch insofern ziemlich direkt und wesentlich, als die sokratische Methode der Wahrheitshebung auf die Erfassung der Bedeutung ausgerichtet ist. Im Dialog soll ein Sinn erkannt werden, der als Grundlage des weiteren Diskurses funktionieren kann. Die Übersetzerarbeit, deren unabdingbares Attribut ein (unterschiedlich definiertes) Erfassen des Sinns und der Bedeutung der Vorlage darstellt, ähnelt dem Akt einer Hebung. Diverse Schulen vertreten unterschiedliche Meinungen zu der Ebene, auf der dieser mäeutisch-elenktische Eingriff stattfindet. Ist es die Strukturebene der Sprache als *langue*, die einer konkreten *parole*, oder vielleicht vor allem die der Denotation, Konnotation, Intertextualität bzw. des Kulturtransfers. Konkrete Antworten auf diese Fragen fallen in der Übersetzungspraxis, im individuellen „Gespräch" des Translators mit dem Text. In diesem besonderen Dialog ist jeder Übersetzer sich selbst ein Sokrates, indem er in einem von sich selbst gesteuerten Dialog mit dem Text die Fragen formuliert, die er anschließend auch zu beantworten hat.

1.2. Hermeneutik als Methode der Geisteswissenschaften

1.2.1. Zum Begriff der Hermeneutik

Der Ursprung des Begriffs *Hermeneutik* ist im Griechischen zu suchen. Das Substantiv *hermeneus* meint da einen Sprecher, Boten, Erklärer, Mittler und das Verb *hermeneuein* heißt entsprechend auslegen, erklären, mitteln, übersetzen. Als lateinische Entsprechungen dieser beiden griechischen Termini sind *interpres* und *interpretare* zu nennen. Sie bezeichnen im Allgemeinen ein gesteuertes Verfahren, in dem etwas Unbekanntes bekannt gemacht, erläutert, näher gebracht wird (Leibfried 1980: 13). Wenn Hermeneutik in diesem Sinne mit Interpretationskunst gleichgesetzt wird, liegt kein Irrtum vor, sondern eine didaktische Vereinfachung; denn der Standort der Hermeneutik ist insofern im Spannungsfeld der Philosophie, Literaturwissenschaft, Geschichte und Theologie gelegen, als aus diesen der hermeneutische Zirkel schöpft, der ein Verstehen durch Erklären anstrebt.

In der Philosophie ist mit Hermeneutik eine erkenntnistheoretische Haltung gemeint, die den Kartesianischen und Kantschen epistemologischen Idealismus in Frage stellt, der von der absoluten Existenz des erkennenden Bewusstseins ausging und diesem die transzendente Welt der Dinge entgegensetzte. Nach dieser Auffassung ist das menschliche Bewusstsein mitsamt seiner Erkenntniskräfte von der äußeren Wirklichkeit genau so unabhängig, wie diese in ihrer Existenz und ihrer Beschaffung nicht von dem menschlichen Bewusstsein beeinflusst wird. Das Bewusstsein des Erkenntnissubjektes wird dabei nicht in seinem geschichtlichen Charakter wahrgenommen, sondern es stellt vielmehr einen konstanten Wert dar, der es ermöglicht, von absoluter Erkenntnis zu sprechen. Diesem Dualismus des autonomen Erkenntnissubjektes und des vorgegebenen Erkenntnisobjektes begegnet die philosophische Hermeneutik mit Reserve; denn für sie stellt das menschliche Bewusstsein jeweils das Erzeugnis geschichtlicher Zusammenhänge und Wirkungskräfte dar, unter denen es zur Erscheinung und

Gestaltung kommt. So kommt dem menschlichen Bewusstsein der Status eines Produktes allgemein menschlicher Wirkung zu; das erkennende Bewusstsein gehört nun zu derselben Kategorie, wie auch andere Erzeugnisse menschlicher Aktivitäten, ebenso wie Kunstwerke im Allgemeinen, sowie Literatur. Ziel der philosophischen Hermeneutik ist es dagegen, aus den Errungenschaften des Menschengeschlechts, die in Texten schriftlich fixiert wurden, Bezüge zur Gegenwart herzustellen.

In der Literaturwissenschaft sind im Allgemeinen mit Hermeneutik die Theorien und Methodologien der Textauslegung gemeint, aus denen sich Zielsetzungen und Arbeitsmethoden der Interpretationskunst ergeben. Martin Heidegger leitet das Wort Hermeneutik, *etymologisch falsch, aber mythologisch richtig* (Leibfried 1980: 15), von Hermes, dem Götterboten, ab. *Hermes bringt die Botschaft des Geschicks*, während *Hermeneutik jenes Darlegen, das Kunde bringt, insofern es auf eine Botschaft zu hören vermag* (Heidegger, zit. nach Leibfried 1980: 15). Hermeneutik kommt dort zum Einsatz, wo das Verstehen fehlt. Das Verstehen hingegen, bevor danach wissenschaftlich gefragt wird, stellt sich erst einmal als Problem in der Lebenspraxis des Menschen dar:

> Verstehen ist zuerst praktische Orientierung in der Lebenswelt: ob etwas gefährlich, giftig, feindlich, ob Brennnesseln anzufassen ratsam ist: das heißt verstehen in einem ersten fundierten Sinn (Leibfried 1980: 27).

Dies bedeutet, dass der systematische Versuch, ein Verstehen zu erzielen, aus einem spontanen, provisorischen Verständnis entspringt, das sich automatisch von selbst dort einstellt, wo es gebraucht wird.

Es ist von Belang, dass dieses primitive, praxisbezogene Verständnis der Hermeneutik bereits ein Wesensmoment der modernen Auffassung des Begriffes enthält: die Anwendung. Diese Komponente der Hermeneutik wird unten in der Auffassung von Paul Ricoeur präsentiert. Im Allgemeinen handelt es sich darum, dass hermeneutisches Verfahren keine endgültige, absolute Erkenntnis anstrebt, die reines Wissen um eine einzige Wahrheit anvisieren würde, sondern um einen Versuch, den Text mit der gesamten Erfahrung des Empfängers zu integrieren.

1.2.2. Bibelexegese

Die Anfänge der Hermeneutik waren mit der Textexegese verbunden, dem Versuch, einem schwierigen bzw. verschlüsselten Text beizukommen. Dies heißt jedoch nicht, dass im Endergebnis die vom Verfasser beabsichtigte, bzw. die absolute Bedeutung des Textes ans Tageslicht gebracht wurde. Ein hermeneutisches Vorgehen kann am Beispiel einer Allegorie veranschaulicht werden, die auf ihre verschlüsselte Botschaft hin untersucht wird. In diesem Zusammenhang beruft sich Leibfried auf Kant, der schreibt:

> Die Moralphilosophen unter den Griechen und nachher Römern [...] wussten den größten Polytheism doch zuletzt als bloße symbolische Vorstellung der Eigenschaften des eigenen /=einzigen/ göttlichen Wesens auszudeuten, und den mancherlei lasterhaften Handlungen, oder auch wilden, aber doch schönen Träumereien ihrer Dichter einen mystischen Sinn unterzulegen, der einen Volksglauben [...] einer allen Menschen verständlichen und ersprießlichen moralischen Lehre nahe brachte (nach Leibfried 1980: 27).

Der Kern der Bemerkung Kants trifft auch für die Bibelexegese zu, die nicht selten List und Betrug in Tugenden umdeutet, oder zumindest schlichtet.[13] Zur Bibelexegese soll hinzugefügt werden, dass die hermeneutische Aufgabe in diesem Fall nicht in Ausarbeitung *einer* Auslegung bestand. Vielmehr handelte es sich um eine Interpretation, die den allgemeinen Richtlinien der Kirchenlehre entsprechen würde. Nichtübereinstim-

---

13 Man bedenke beispielsweise Jakobs Erschwindeln des väterlichen Segens, das mit Hilfe seiner Mutter geschehen war, den betrügerischen Brauttausch, durch den Jakob die ältere Schwester seiner geliebten Rachel ehelichte oder die grausame Tat Abrahams, der sein eigenes Kind und dessen Mutter Hagar in die Wüste davonjagte.

mung der Bibelauslegung mit geltenden theologischen Grundsätzen führte in der Geschichte zur Reformation und Kirchenspaltung.

Es ist bemerkenswert, dass die Aussage von Kant ein Wesensmoment der modernen Schule der Translationsstudien berührt: die Manipulation des Textes zwecks Erleichterung und Förderung der Werkrezeption unter veränderten geschichtlichen und kulturellen Bedingungen, die mit der Zielkultur gegeben sind. In diesem Sinne ist jedoch Manipulation nicht abwertend gemeint, bzw. wird sie Mittel anerkannt, das der Zweck heiligt.

1.2.3. Die romantische Hermeneutik

Als Vorläufer der romantischen Hermeneutik gilt Chladenius. In seinem Werk *Anleitung zur richtigen Auslegung vernünftiger Reden und Schriften* (1742) verwendet er den Begriff *Sehpunkt*, der ursprünglich zu dem Bereich der Optik gehört. Chladenius meint,

> dass wir ein solches Bild, und kein anderes von der Sache bekommen, also gibt es bei allen unseren Vorstellungen einen Grund, warum wir die Sache so, und nicht anders erkennen: und dieses ist der Sehe-Punct von derselben Sache (Chladenius 1969: 185).

Chladenius versteht jedoch die Auslegung lediglich in einem pädagogischen Sinn. Er geht davon aus, dass dem Menschen natürliches Verstehensvermögen angeboren ist, das sich auch in natürlichen, gewöhnlichen Situationen bewährt. Deswegen wird ein Leseakt auch automatisch durch den Akt des Verstehens begleitet, indem der Sinn des Geschriebenen unproblematisch aufgenommen wird. In diesem Konzept ist Auslegung des Textes *nicht* mit Verstehen identisch, denn es seien nur dunkle, schwierige, verschlüsselte Textstellen, die einer Auslegung als Erläuterung bedürfen. Mit anderen Worten: Auslegung ist nur dort gefragt, wo das angeborene Verstehensvermögen des Menschen versagt.

Es ist unübersehbar, dass bei Chladenius Verstehen mit Erfassen des im Text dargestellten Sachverhalts gleichgesetzt ist, *es ist kein historisches, noch gar nicht psychologisch-genetisches Verfahren* (Gadamer 1990: 187).

Chladenius unterscheidet bereits zwischen vollkommenem Verstehen eines Autors und seiner Schrift. Diese Unterscheidung ist berechtigt, *weil die Menschen nicht alles übersehen können, so können ihre Worte, Reden und Schriften etwas bedeuten, was sie selbst nicht willens gewesen zu reden oder zu schreiben* (Chladenius 1969: 86). Dies sind Ansätze der Unterscheidung zwischen Sinn und Bedeutung einer Aussage, die in der Logik des 19. und 20. Jahrhunderts – etwa bei Frege und Husserl – erscheint, und in der Konsequenz Interpretationstheorien generiert, nach denen der Text von seinem Urheber völlig gelöst sei.

Die Entwicklung der Hermeneutik als Auslegungskunst und -theorie ist mit einer Qualitätsverschiebung im Bereich der Textkunst verbunden. Je weniger und seltener die Texte automatisch, von selbst verstanden werden können, je weiter die Entwicklung der Sprache in ihrer poetischen Funktion und der Tiefe ihrer Strukturen fortschreitet, umso mehr wird die Notwendigkeit einer Hermeneutik in ihrer erklärenden Funktion spürbar.

Friedrich Schleiermacher unterscheidet drei Bedeutungen des Begriffs der Hermeneutik: zum ersten als die Kunst, seine Gedanken richtig vorzutragen, zum zweiten als die Kunst, die Rede eines anderen einem Dritten richtig mitzuteilen, zum dritten als die Kunst, die Rede eines anderen richtig zu verstehen (1977: 75). Letzterer ist jedoch für ihn der eigentliche, wissenschaftliche Begriff, der zwischen den beiden vorausgehenden vermittelt.

Da das Reden für Schleiermacher *die äußere Seite des Denkens* darstellt, hängt Hermeneutik im letzteren Sinn mit Denkkunst zusammen: Denkkunst als die Kunst zu denken. Der Akt des Verstehens bedeutet jeweils eine *Umkehrung des Aktes des Redens* (1977: 76) und vollzieht sich durch die Rekonstruktion der Gedankenwege, die der ursprünglichen Rede zugrunde lagen; dies begründet bei Schleiermacher die Zusammengehörigkeit von Hermeneutik und Rhetorik. Auch Hermeneutik und Grammatik gehören zusammen: Jede Rede kann nämlich nur auf Grund einer gemeinsamen Sprache verstanden werden. Denken und Sprechen bilden eine Einheit, *die Sprache ist eine Art und Weise des Gedankens, wirklich zu sein. Denn es gibt keinen Gedanken ohne Rede* (1977: 77).

Schleiermacher weist deutlich darauf hin, dass das menschliche Bewusstsein (von ihm als Geist bezeichnet) in erst der Sprache gestaltet wird, *weil die Angeborenheit der Sprache den Geist modifiziert* (1977: 79). Auf der anderen Seite betont er, dass es das menschliche Individuum ist, in dem sich die Sprache, *welche selbst durch das Reden wird* (1977: 77), durch das Reden entfaltet. Mit *Rede* meint Schleiermacher in der Tat einen jeden im menschlichen Kopf gefassten Gedanken, der verbal artikuliert werden, bzw. schriftlich fixiert werden kann, aber nicht muss. Es ist nur nicht klar, inwiefern dieser ausformuliert werden muss, um dem Kriterium der Rede zu genügen.

Durch den Hinweis auf diese Wechselwirkung wird die Sprache in ihrer Beweglichkeit und Konstanz zugleich qualifiziert. Die Rede kommt zustande, indem der Redner aus dem Gemeinschaftsgut der Sprache schöpft. Durch seinen Schöpfungsakt wird die Sprache gemeistert und das Gemeinschaftsgut immer neu geschaffen. In diesem Schöpfungsakt wird die Sprache entwickelt und fortgetragen. *Das Reden ist die Vermittlung für Gemeinschaftlichkeit des Denkens* (1977: 76). Es findet in der Geschichte statt. Deswegen kann sie auch erst richtig verstanden werden, wenn man die historischen Umstände erschließt, unter denen sie zustande kam. Die Aufgabe der Hermeneutik ist es somit, die Entstehungsgeschichte der Rede zu verfolgen, während ihr übergeordnetes Ziel heißt: *die Rede zuerst ebenso gut und dann besser zu verstehen als ihr Urheber* (1977: 94), auch wenn sich diese Anforderung ziemlich absurd anhören sollte.

An dieser Stelle sei vorausgreifend auf eine belegte Tendenz der Übersetzungspraxis, der Neigung des Übersetzers zur Explikation hingewiesen. Der Übersetzer, der die Rolle des Vermittlers fremder Rede übernimmt, stellt sich durch explikatorisches Verfahren in den hermeneutischen Dienst der Auslegung als Klarmachung und Verdeutlichung, obwohl dadurch die Wahrhaftigkeit der Mitteilung nicht bescheinigt wird. Es ist jedoch nicht selbstverständlich, dass Explikation in die Aufgabe des Übersetzers automatisch eingeschrieben ist.[14]

Jede Rede bezieht sich nach Schleiermacher einerseits auf die Gesamtheit der Sprache, andererseits auf das gesamte Denken ihres Urhebers. Diese beiden Aspekte des Denkens – entsprechend als *grammatisch* und *psychologisch* etikettiert – kennzeichnen folgerichtig auch das Verstehen, das den Standort der Rede sowohl in der Totalität der Sprache, als auch in der Gesamtheit des Denkens des Sprechers weist. Schleiermacher sieht die beiden Aspekte als gleichberechtigt und komplementär an. Jede Rede entspricht nur einem *Lebensmoment des Redenden* und jeder Redende einem Moment in der Geschichte. Deswegen ist auch die Rede *nur verstehbar durch seine Nationalität und sein Zeitalter* (1977: 78). Dieses Verständnis der Rede rückt diese in den Schnittpunkt zwischen der diachronen Lebensgeschichte des Sprechers und dem synchronen Geschichtsleben seiner Lebenszeit.

Ein Kunstwerk richtig interpretieren heißt demnach, dessen Genesis aufzuspüren, die Begleitumstände seiner Entstehungsgeschichte zu rekonstruieren, die Welt wieder herzustellen, zu der es ursprünglich gehörte. Derartige Bemühungen eines Interpreten bezeichnet Gadamer als

> Reproduktion der ursprünglichen Produktion und fügt hinzu: Wiederherstellung ursprünglicher Bedingungen ist, wie alle Restauration, angesichts der Geschichtlichkeit unseres Daseins ein ohnmächtiges Beginnen (1990: 172).

---

14   Explikation ist hier freilich nicht mit Verstehen identisch. Zu Recht bemerkt Wawrzyniak (2002: 40), dass Übersetzen nicht möglich ist, wenn der Übersetzer den Ausgangstext selbst nicht versteht. Dadurch ist jedoch nicht entschieden, dass er das Verstehen des Translats durch den Empfänger auf jeden Fall, durch Rückgriff auf zusätzliche, im Original nicht enthaltene Mittel fördern soll.

In diesem Kommentar knüpft Gadamer an eine Äußerung Hegels an, der schrieb, dass mit Kunstwerken aus entlegenen Zeiten

> nicht ihre Welt, nicht der Frühling und Sommer des sittlichen Lebens, worin sie blühten und reiften gegeben sei, sondern allein die eingehüllte Erinnerung dieser Wirklichkeit (Gadamer 1990: 173).

Der Versuch, die ursprüngliche Produktion zu reproduzieren, ist von Anfang an zum Scheitern verurteilt. Dies kommt in einem berühmten Vers des polnischen Dichters Adam Asnyk zur Sprache: *die abgelebte Form zerfällt, kein Wunder macht sie leben.*[15] Mit dieser Formel kann die Unmöglichkeit überschrieben werden, die Vergangenheit als solche wiederzugewinnen. Das berühmteste literarische Zeugnis, das zu diesem Thema abgelegt wurde, stammt aus der Feder von Marcel Proust und ist im deutschen Sprachraum unter dem Titel *Auf der Suche nach der verlorenen Zeit* bekannt.[16]

In der Romantik waltete ein Geniekult idealistischer Prägung. *Die Kunst des Genies besteht darin, das freie Spiel der Erkenntniskräfte mitteilbar zu machen* (Gadamer 1990: 54). Nach Auffassung der romantischen Ästhetik erfolgt die Wirkung eines Genies unbewusst; in ihr objektiviert sich der Geist der Menschlichkeit. Eine parallele Objektivierung dieses Geistes findet nach Hegel in der Geschichte statt, die sich auch ihres eigenen Genies bedient.

Der Genialität des Schaffensaktes kommt die Genialität des Kunstrezeption entgegen. Durch die Kunst und in der Kunst kommt es zur Begegnung zweier Genies, des Autors und seines Rezipienten. Der eine erlebt die Welt und verleiht seinem Erlebnis die Form eines Kunstwerkes. Der andere erlebt verstehend nach und verbeugt sich verehrend vor seinem Kongenie. Eine zentrale Rolle in der Hermeneutik kommt demzufolge dem Begriff

---

15 Dies ist ein Zitat aus dem Gedicht *Daremne żale*, der deutsche Titel *Umsonst*, übersetzt von Karl Dedecius.

16 Der Originaltitel *A la recherche du temps perdu*, Erstausgabe 1917/1925 (sieben Bände).

des *Erlebnisses* zu, der zum ersten Mal von Hegel in einem Brief von 1927 verwendet wurde.[17]

Durch Wilhelm Dilthey wird das Erlebnis zum leitenden Schlagwort der Hermeneutik. Dilthey unternimmt den Versuch, eine Methode für die Geisteswissenschaften zu entwickeln, die auf etwas Gegebenes bauen würde. Sein übergeordnetes Ziel war es, die Geisteswissenschaften methodologisch den Naturwissenschaften anzugleichen und ihnen dadurch die gleiche Unanfechtbarkeit der Ergebnisse zu gewähren, die bisher nur für die Naturwissenschaften vorbehalten war. Als die letzte, nicht weiter reduzierbare Einheit des Gegebenen definiert Dilthey dasjenige Element des Bewusstseins, das er als Erlebnis qualifiziert. Es ergibt sich jeweils teilweise aus den Bezügen des Individuums zu der äußeren Welt:

> Neben den Gefühlen und Leidenschaften, die aus den persönlichen Schicksalen der Menschen hervorgehen, machen sich jederzeit die universalen Stimmungen geltend, die aus dem Verhältnis des Menschen zum Leben und zur Welt stammen (1988: 16).

Dilthey geht es jedoch nicht in erster Linie ums Nachvollziehen der Gedankenwege und Gefühlsregungen eines Autors. Die Erschließung der Erlebniswelt des Letzteren stellt nur eine Teilaufgabe in einer übergeordneten Unternehmung dar, die Geschichte der Menschheit verstehend nachzuzeichnen, die mit Geistesgeschichte identisch ist, die sowohl die Kunst selbst als auch deren Interpretation umfasst. Die Geschichte wird somit als ein Kontinuum von einander ablösenden und ergänzenden Ideen aufgefasst, die bei hervorragenden Persönlichkeiten als deren Träger auffällig und untersuchungswert sind.

Kraft der Erlebniswelt eines Genies wird in seinem Werk das Leben objektiviert, indem die Sinngebilde in Sequenzen zusammengefügt werden. Die Aufgabe eines Interpreten ist es, die Sinngebilde im Werk als Ausdruck der

---

17 Karol Sauerland weist in seinem Buch (1986: 26f) auf eine noch frühere Quelle hin, wo das Wort *Erlebnis* auftritt, nämlich in Ferbers *Blicke auf Sachsen* von 1814.

Erlebnisse des Autors zu identifizieren und diesen durch die Leistung seines Verstehensvermögens den Rang eines Lebensinhalts zuzusprechen.[18] Nach Dilthey verzettelt und entfremdet sich das Subjekt durch die eigenen Ideen, Vorstellungen und Erzeugnisse, die mit seiner Objektivierung identisch sind, und verliert dadurch Einblick in das eigene Wesen. Als reflexive Philosophie hat nun Hermeneutik die Aufgabe, zum subjektiven Ich zurückzufinden, und zwar auf dem Wege der Entzifferung, Dechiffrierung, Auslegung, insgesamt: des Verstehens seiner Niederschläge. Das schaffende Ich des Autors und das erkennende Ich des Interpreten sind dabei nicht identisch; sie decken sich nur auf der Ebene der Idealität des Menschen-Ichs.

Das bleibende Verdienst Diltheys für die Literaturwissenschaften ist die Begründung einer neuen Methode der Literaturgeschichtsschreibung, die unmittelbar aus seiner Auffassung des Erlebnisses und dessen Manifestation im Werk eines Autors von Format[19] ergibt. Diese Methode baut auf die Prämisse der Einheit der Persönlichkeit des Autors, die sich in Homogenität seines Werkes niederschlägt (Rosenberg 1988: 400). Die Schreibung der Literaturgeschichte soll demnach eine diachronische Kette von Ideen herstellen, wie sie im Werk herausragender Autoren aus verschiedenen Epochen der Weltgeschichte widergespiegelt wurden.[20] Diese Anreihung kor-

---

18 Im Jahre 1898 trat Henri Bergson mit seiner These von einer absoluten Kontinuität des Psychischen auf. Das Erlebnis steht nach dieser These in unmittelbarer Beziehung zum Ganzen des Lebens und umgekehrt. Das Erlebnis steht zum Leben in einem Verhältnis des Besonderen zum Allgemeinen.

19 Auch das "Format" wird den Autoren durch Literaturhistoriker zuerkannt, indem sie „entdeckt", promotet und neu verlegt werden. Dies ist kürzlich in Deutschland – um von klassischen Beispielen, wie der Fall Kafka, abzusehen – mit Sandor Marai passiert.

20 Eine Kostprobe einer solchen, auf Einheit des Schaffens eines Autors ruhenden Literaturgeschichtsschreibung lieferte Dilthey mit seinem Buch *Das Erlebnis und die Dichtung* (1905), das vier Aufsätze enthielt, und zwar: *Gotthold Ephraim Lessing, Goethe und die diachronische Phantasie, Novalis* und *Friedrich Hölderlin*.

respondiert nach Dilthey mit dem Konstrukt von Ideen, die den Lauf der Geschichte determinieren. Diese Korrespondenz ist dadurch möglich, dass die schaffende Persönlichkeit als soziales Wesen in die Gesamtheit der Begleitumstände seines Lebens zu einem bestimmten historischen Zeitpunkt eingebettet ist und dadurch zum Individuum einer bestimmten allgemeingeistigen Prägung gestaltet wird.

Nach der romantischen Auffassung ist es die Aufgabe des Interpreten, nicht sich selbst, sondern einen anderen, nämlich den Autor zu verstehen. Dafür gilt die bereits bei Schleiermacher angeführte Parole: den Autor genauso gut, oder noch besser zu verstehen, als er sich selbst verstehen konnte. Unter der Voraussetzung der Identität der menschlichen Natur ist dies durch Einfühlung möglich, einen Versuch, sich in den anderen hineinzuversetzen.

Anders sieht es die moderne Hermeneutik, die – den vorherrschenden Tendenzen entsprechend – dem Empfänger eine aktive Rolle in der Ausgestaltung der Botschaft des Werkes zuschreibt. Zur Funktion eines Kunstwerkes äußert sich Gadamer wie folgt:

> Es scheint die Bestimmung des Kunstwerkes, zum ästhetischen Erlebnis zu werden, d. h. aber, den Erlebenden aus dem Zusammenhang seines Lebens durch die Macht des Kunstwerkes mit einem Schlage herauszureißen und ihn doch zugleich auf das Ganze seines Daseins zurück zu beziehen (1990: 76).

Diese Formulierung verdeutlicht die Aufgabe des romantischen Interpreten, der eine Selbstaufgabe vollziehen muss, um anschließend durch den Filter seines Selbst zum Allgemeinen zu gelangen.

Auf Grund seiner methodologischen Untersuchungen zieht Dilthey eine Demarkationslinie zwischen der Methode der Naturwissenschaften und der Methode der Geisteswissenschaften. Den ersteren ordnet er den Vorgang des Erklärens, den letzteren den des Verstehens zu. An dieser Unterscheidung entzündet sich die moderne Kritik, die auf die genannte Zuordnung verzichtet und den beiden Methoden als komplementären Bestandteilen des hermeneutischen Zirkels den gleichen Stellenwert in den Geisteswissenschaften zuspricht.

1.2.4. Das Kunstwerk und die Wahrheit

Indem Gadamer in seinem Buch *Wahrheit und Methode* eine Kritik der Kartesianischen und Kantschen Erkenntnistheorie ausübt, wendet er sich gleichzeitig gegen die Hermeneutik des 19. Jahrhunderts, die in der Gegenüberstellung des autarken Erkenntnissubjektes und des autonomen Erkenntnisobjektes ihre Ausgangsbasis sah. Durch seine Kritik meldet sich Gadamer in dem alten Methodenstreit zu Worte, den die Naturwissenschaftler und Geisteswissenschaftler um den Status der Wissenschaftlichkeit und die Legitimität ihrer Untersuchungsverfahren untereinander austragen.

Mill hat in seinem *System der deduktiven und induktiven Logik* die Möglichkeit erwähnt, die induktive Methode der Erfahrungswissenschaften auf die *moral sciences* zu übertragen; der deutsche Übersetzer hat *moral sciences* als *Geisteswissenschaften* wiedergegeben (Gadamer 1990: 9). Folgerichtig müsste auch in Geisteswissenschaften nach verifizierbaren Gesetzmäßigkeiten, Grundsätzen und Prinzipien gesucht werden. Ähnliche Hinweise hat auch Hume in der Einleitung zu seinem *Traktat über die menschliche Natur* formuliert. Gadamer tritt heftig dagegen auf, den Erkenntniswert der Naturwissenschaften höher einzustufen als den der Geisteswissenschaften, und auch dagegen, die Erkenntnisart der Naturwissenschaften als die einzige anstrebenswerte Art der menschlichen Erkenntnis abzustempeln. Auch bei ihm ist Verstehen, wie bei Dilthey, eine zentrale Kategorie, jedoch ist diese nun von philosophischer Bedeutung und besitzt sowohl einen Erkenntniswert, als auch eine ontologische Prägung.

In dem letzteren Sinn sind zwei Momente zu unterscheiden. Zum ersten ist ein auf Verstehen ausgerichtetes Verhalten ein Charakteristikum des Menschenwesens noch bevor dieses irgendeine Handlung unternimmt. Mit anderen Worten gehört der Wille zum Verstehen zur Ausstattung der menschlichen Natur. Zum zweiten trachtet alles Gegebene danach, verstanden zu werden. Mit anderen Worten gehört potentielle Verständlichkeit, in der Philosophie oft als Intelligibilität bezeichnet, zur Ausstattung der transzendenten Natur- und Kulturwelt. Somit bietet sich das Verstehen als unabdingbares Element des Heideggerschen *In-der-Welt-Seins* als natives Element des Menschseins an. Im Akt des Verstehens würde sich nach dieser Auffassung das gemeinsame „Interesse" des Erkenntnissubjektes und des Erkenntnisobjektes verwirklichen. Das Verstehen vollzieht sich als ein wirkungsgeschichtlicher Prozess; es schöpft aus der Tradition, die dabei kritisch verarbeitet wird (Gadamer 1990: 15ff.).

Das Verstehen ist in Gadamers Theorie als *Horizontverschmelzung* (1990: z. B. 383) möglich, in der das wirkungsgeschichtliche, durch die Geschichte und in der Geschichte geprägte Bewusstsein sich einem Objekt nähert, das ebenfalls Erzeugnis der Geschichte ist. Unübersehbar ist die Parallele zwischen der Horizontverschmelzung in diesem Sinne und der Verzahnung von Betrachtungshorizonten des Senders und Empfängers in der modernen Kommunikationstheorie, die wichtigen Übersetzungstheorien als Ausgangspunkt dient. Erkenntnissubjekt und Erkenntnisobjekt scheinen bei Gadamer – in der Terminologie der klassischen Philosophie – von derselben Substanz zu sein bzw. das gleiche Wesen aufzuweisen.

Jegliches Verstehen, auch wenn es außersprachliche Wirklichkeit betrifft, hat sprachlichen Charakter: Diese Erkenntnis hat der Sprachphilosophie des 20. Jahrhunderts eine Neuformulierung elementarer philosophischer Fragen ermöglicht. Eine Interpretation ist nur eine *Verdeutlichung* des Verstehens, bei dem es sich weder um die Erkenntnis der Absicht des Autors schlechthin noch um den puren sachlichen Inhalt handelt. Denn das Wesensmoment des Verstehens fällt mit der *Anwendung* zusammen. Das Verstehen als Interpretation vollzieht sich für Gadamer durch die Herstellung eines Bezugs auf den Interpreten und seine geschichtlich verwickelte Situation. Sich selbst erkennen angesichts des Kunstwerkes, dies ist für Gadamer – in Anlehnung an Heidegger (1960: 35ff.) – das Wesen der Erfahrung mit der Kunst. Der Autor und sein Interpret begegnen einander in einer geschichtlich bedingten Horizonterweiterung, in der sich eine Verschmelzung als Verstehen vollzieht.

Gadamer hat den Begriff einer *hermeneutischen Erfahrung* geprägt, die er der Erfahrung als Experiment der exakten Wissenschaften entgegensetzt. Die hermeneutische Erfahrung hat geschichtlichen Charakter. Nicht nur betrifft sie geschichtlich gegebene Gegenstände (Texte), sondern sie geschieht auch in der Geschichtlichkeit des Erfahrungsträgers, des interpretierenden Subjekts. Die Zugehörigkeit des Menschen zur Geschichte ist eine wesentliche Komponente der hermeneutischen Erfahrung, in der die Zusammenwirkung des Subjekts und Objekts erfolgt.

Die hermeneutische Erfahrung hat als solchen dialektischen Charakter. Ihren Ansatzpunkt bildet ein Unwissen als Zweifel oder Staunen. In der hermeneutischen Erfahrung findet ein Gespräch zwischen Mensch und Ding statt. Sie hat prozessuellen Charakter und hört nie auf, weil der Mensch als Dasein, also ein in seiner Zeitlichkeit verfangenes Wesen, nie zu einer absoluten Erkenntnis gelangt (1990: 383f.).

Gadamer ist bemüht, dem möglichen Missverständnis vorzubeugen, das vorkommen würde, wenn seine Konzeption als Freipass für uneingeschränkte Willkür der Textinterpretation qualifiziert werden sollte. Das Verstehen, wie er es meint, ist gegenüber dem Erklären im Sinn von Dilthey *nicht* kontrastiv, sondern komplementär aufzufassen. Die beiden Zugangspfade zum Text schließen sich nämlich zusammen zu einem hermeneutischen Zirkel, dessen Ausgangspunkt das individuell bedingte Vorverstehen (Vor-Urteil) bestimmt, die Hauptstrecke eine verifizierend-erklärende Recherche deckt, und das Finalergebnis ein Verstehen ausmacht. Aus diesem Verstehen resultiert allerdings nie endgültiges Wissen. Denn die Seinsweise eines Kunstwerkes ist für Gadamer dessen Spielartigkeit.

1.2.5. Das Kunstwerk als Spiel

Zu einem Spiel gehört der Spieler; *der Spielende weiß selber, dass das Spiel nur Spiel ist und in einer Welt steht, die durch den Ernst der Zwecke bestimmt wird* (Gadamer 1990: 107). Trotzdem erklärt sich der Spieler bereit, das Spiel mitzumachen und dieses auch vorübergehen so ernst zu nehmen, als würde es sich dabei um etwas Wahres handeln.

Das Wesen des Spiels kommt im Gespieltwerden zum Vorschein. Es ist das Spiel selbst und nicht dessen Teilnehmer, das hier als Subjekt im Gespieltwerden definiert wird. Insofern stellt das Kunstwerk als Spiel kein Objekt dar, dem das Erkenntnissubjekt gegenüberstehen würde, sondern:

> das Kunstwerk hat vielmehr sein eigentliches Sein darin, dass es zur Erfahrung wird, die den Erfahrenden verwandelt. Das Subjekt der Erfahrung der Kunst, das, was bleibt und beharrt, ist nicht die Subjektivität dessen, der sie erfährt, sondern das Kunstwerk selbst (1990: 108).

In dieser Hinsicht ähnelt das Kunstwerk einem Spiel. Das Wesen eines Spiels ist es nämlich, dass die Spieler als Medium fungieren, in dem das Spiel seinen Ausdruck findet.

Eine weitere Parallele zwischen Kunstwerk und Spiel ist für Gadamer die Tatsache, dass die beiden in ihrem Wesen beweglich sind und nach Wiederholung trachten; damit ist der Drang zur Darstellung gemeint, die wiederum eine Darstellung für jemand, zum Beispiel einen Zuschauer, sein muss. *Der Spielende erfährt das Spiel als eine ihn übertreffende Wirklichkeit* (1990: 115), eine vorgefundene Welt, in der er eine Rolle übernommen hat. Jedoch ist es nicht er, der Spieler, der im Spiel aufgeht, sondern der Zuschauer als Außenseiter und Genießer.

Der Zuschauer tritt nämlich an die Stelle des Spielers und identifiziert sich mit ihm; dies bezeichnet Gadamer als eine totale *Wendung*. Durch diese Wendung wird ein menschliches Spiel zur Kunst, es vollzieht sich eine Verwandlung ins Gebilde. *Erst durch diese Wendung gewinnt das Spiel seine Idealität, so dass es als dasselbe gemeint und verstanden werden kann* (1990: 116). Der Begriff der Verwandlung meint eine radikale, substantielle Mutation, nicht etwa eine akzidentielle Akzentverschiebung, die zum Beispiel in dem Wort *Veränderung* zum Ausdruck kommt. Die Verwandlung hebt die Identität des Spielers und auch die Welt des Zuschauers auf. Eine neue Welt, die des Spiels, wird eröffnet, und bleibt *offen nach der Seite des Zuschauers* (1990: 115), der nun fragt, was das Gespielte meint und inwiefern es ihn anspricht.

Die Welt des Kunstwerkes ist autark, sie richtet sich nicht nach den Prinzipien und Maßstäben der realen Welt. Die Verwandlung ins Gebilde bezeichnet Gadamer als Verwandlung ins Wahre; denn *in der Darstellung des Spiels kommt heraus, was ist. In ihr wird hervorgeholt, was sich sonst ständig verhüllt und entzieht* (1990: 118). Hier beruft sich Gadamer auf Platos Lehre von der Anamnesis, nach der jegliche Erkenntnis mit Wiedererinnerung identisch ist. Die Seele hatte – so der Idealismus von Plato – unmittelbaren Umgang mit der Ideenwelt, die im Profanum der irdischen Existenz in Vergessenheit geraten ist.

Die Erfahrung der Kunst fungiert nach Gadamer als Stimulans zur Selbsterkenntnis durch Wiedererkenntnis. Die Frage nach dem Wahrheitsgehalt eines Kunstwerkes fällt zusammen mit dem Erkenntnisgrad durch Wiedererkenntnis des Erfahrungsträgers. Der Rezipient weiß um die Unbeständigkeit der menschlichen Natur, den Egoismus jeglicher Macht, verheerende Folgen der Zwietracht, Unumgänglichkeit des Todes. All das lernt er nicht wirklich durch den Umgang mit der Kunst, sondern er wird daran mit der Stärke eines erbarmungslosen Schlags erinnert. Das latente Wissen wird blitzartig abgerufen und ordnet durch ihre uneingeleitete Präsenz die Welt des Individuums neu an.

Der Darstellungsdrang eines Spiels wird in der Vielfalt der Aufführungen und Ausführungen verwirklicht, was im Fall eines Kunstwerkes die Frage der Auslegung generiert. Gadamer spricht dem Werkschöpfer *keine* absolute Freiheit im Schaffensprozess zu; vielmehr versteht er das Kunstwerk als eine *Darstellung einer gemeinsamen Wahrheit, die auch den Dichter bindet* (1990: 138).

Gadamers Hermeneutik entspringt dem Begriff eines *sensus communis*, mit dem *der Sinn, der Gemeinschaft stiftet* (1990: 26), gemeint ist und knüpft an die Unterscheidung zwischen einem Gelehrten und einem Weisen an, zwischen *sophia* als Gelehrsamkeit und *phronesis* als praktische Weisheit. Durch seine Bildung wird der Interpret befähigt, die Hülse der Werkstruktur zu knacken und zu dem Kern, dem *sensus communis*, zu gelangen. Durch Bildung werden die Inhalte der menschlichen Erkenntnis aufgenommen und aufbewahrt. Durch seine Bildung hebt sich der Mensch von anderen Lebewesen ab, bzw. ist er erst durch seine Bildung, was er seinem Wesen nach ist. *Es ist das allgemeine Wesen der menschlichen Bildung, sich zu einem allgemeinen Wesen zu machen* (1990: 18). Gebildet sein bedeutet, auf Unmittelbarkeit der Erfahrung zu verzichten: die Inhalte unseres Wissens werden uns vermittelt, als fremde Erfahrung beigebracht. Die von Helmholtz definierte Methode der Geisteswissenschaften, die künstlerisch-intuitive Induktion, schöpft aus dem Gedächtnis und den geltenden Autoritäten (1990: 14). Nun steht der Dichter

> in der gleichen Tradition, wie das Publikum [...]. Es bleibt eine Sinnkontinuität, die das Kunstwerk mit der Daseinswelt zusammenschließt und von der sich selbst das entfremdete Bewusstsein einer Bildungsgesellschaft nie gänzlich löst (1990: 44).

In einem Kunstwerk vollzieht sich – nach einer Formulierung von Hegel – das Scheinen einer Idee, jedoch gibt das Kunstwerk in seiner Idealität keine Idee wieder. In dieser Funktion stellt das Kunstwerk keinen geeigneten Gegenstand für ästhetisches Bewusstsein dar, sondern für Ontologie. Es gilt nämlich nicht, die Schönheit des Werkes zu erfassen, sondern vielmehr darum, dessen Seinsvorgang zu registrieren:

> Im Bilde Festgehaltensein, im Gedicht Angeredetwerden, Zielpunkt einer Anspielung von der Bühne her sein, das sind nicht Beiläufigkeiten, die dem Werk fernbleiben, sondern Darstellungen dieses Wesens selbst (1990: 152).

An dieser Stelle spricht Gadamer von einer *geheimnisvollen Seinsausstrahlung* des Kunstwerkes, *die dem Seinsrang dessen entspringt, was da zur Darstellung kommt* (1990: 154). Mit anderen Worten gibt es Qualitäten des Seienden, denen der gleiche Drang zur Darstellung innewohnt, der auch für das Spiel und die Spielartigkeit des Kunstwerkes charakteristisch ist. Das Kunstwerk greift somit auf keine beliebige Idee zurück, um sie künstlerisch aufzuarbeiten, sondern die Idee scheint in dem Kunstwerk durch, das das Seiende darstellend erfasst. Denn *es gibt eben Seiendes, das bildbedürftig und bildwürdig ist und das sich in seinem Wesen gleichsam erst vollendet, wenn es im Bilde dargestellt wird* (1990: 155).

Durch seinen Eintritt in die Welt eines Kunstwerkes bekommt ein Ding, ein Problem, ein Phänomen, eine Relevanz zugeordnet. Als Element eines Kunstwerkes zieht es Aufmerksamkeit an und erhält einen Rang, der ihm früher, vor seiner künstlerischen Darbietung, im erkennenden Bewusstsein nicht zukam. In diesem Sinne spricht Gadamer von einem *Seinszuwachs*, der sich für das im Kunstwerk Dargestellte vollzieht. Dort wird *sein eigenes Sein inhaltlich fortbestimmt* (1990: 153).

1.2.6. Spielerische Aneignung des Kunstwerkes bei Paul Ricoeur

Ricoeur definiert die Hermeneutik als Theorie der Operationen des Verstehens in deren Bezug auf die Textinterpretation (1989: 191). Der geschriebene Text ist demnach von seinem Urheber und von den Begleitumständen seiner Entstehung gelöst. Ziel der Hermeneutik ist es, die kulturelle Distanz und historische Entfremdung zu vermindern, die zwischen dem Text und seinem Empfänger liegen. Was den Leser und Interpreten als erstes aufhält, ist die Sprache in ihrer Polysemie, die nur durch zeitliche und räumliche Entfernung von dem Autor umso mehrdeutiger erscheint. Während sich gesprochener Text gewöhnlich an einen bestimmten oder bestimmbaren Kreis von Zuhörern richtet, ist geschriebener Text universeller: jeder, der lesen kann, kann nämlich sein potentieller Empfänger werden. Diese Argumentation klingt nicht sehr überzeugend; die Möglichkeit, von einem nicht intendierten Empfänger rezipiert zu werden, besteht nämlich unabhängig von dem Zeitverhältnis zwischen Sendung und Empfang.

Eine zentrale Rolle in der Textinterpretation spielt für Ricoeur die Aneignung als *Verstehen der durch das Werk vermittelten Welt* (1989: 143, Übersetzung L. W.). Das Verstehen eines Werkes bedeutet hier eine Erweiterung des Selbst des Lesers; sie vollzieht sich durch unmittelbaren Umgang mit der durch das Kunstwerk entworfenen Welt, die das eigentliche Objekt der Interpretation darstellt.

Von Frege und Husserl übernimmt Ricoeur die These von einer Idealität des Sinns einer Aussage, die darin besteht, dass der Sinn nicht den Inhalt eines konkreten Verstandes meint, sondern die Art des Gegebenseins, einen ideellen Gegenstand, der von verschiedenen Individuen in verschiedenen Zeiten identifiziert werden kann (Frege 1892). Die Idealität ist begründet in der Identität eines Satzes, in der infiniten Sammlung von dessen Aktualisierungen im Verstand unterschiedlicher Individuen.

Die Idealität als Existenzweise eines Satzes im Sinn von Frege wird von Ricoeur auf den ganzen Text übertragen. Der Text – als Diskurs definiert – wird aus seiner Zeitbezogenheit herausgehoben und wird zu einem zeitlosen Gegenstand, der nun im Bereich der Idealität seinen Standort hat. Der Versuch selbst ist nicht neu und wurde auch von dem polnischen Philosophen Roman Ingarden unternommen, was im Folgenden eingehend erörtert wird.

Als Ziel jeglicher Hermeneutik bezeichnet Ricoeur die Aufhebung der kulturbedingten Distanz und der geschichtlichen Entfremdung. Dieses Ziel kann dadurch erreicht werden, dass der Sinn eines Textes für den gegenwärtigen Interpreten aktuell wird, dass sich eine Aneignung vollzieht, in der sich der aktuelle Leser von dem Text angesprochen fühlt. Eine Interpretation ist gelungen, wenn ein Diskurs, der sich am Text entzündet, zustande kommt.

Von Gadamer übernimmt Ricoeur die These von der Spielartigkeit des Kunstwerkes. Das Spiel meint er als Gegensatz zum Ernst: *In einem Spiel ist nichts ernst, etwas wird jedoch dargestellt, geschildert, als Nachahmung gegeben* (Ricoeur 1989a: 279, Übersetzung L. W.). Im Spiel eines literarischen Werkes wird nicht nur eine fiktive Welt eröffnet, sondern der Autor erscheint persönlich auf der Bühne, um das Spiel mitzumachen. Ob er sich mit einer seiner Figuren identifiziert, oder sich neben seine Figuren stellt, indem er als Ich-Erzähler bzw. allwissender Erzähler fungiert, ist einerlei; auf jeden Fall ist er als Teilnehmer dabei. *Sich verkleiden, mit einer fremden Stimme sprechen, ist das etwa kein Spiel?*[21], lautet die entsprechende Frage-Feststellung (Ricoeur 1989a: 281, Übersetzung L. W.).

---

21   Ricoeur führt hier eine Formulierung von Wolfgang Kayser an.

Nachdem sich der Autor für das Spiel nach seiner Vorstellung kostümiert hat, wird auch der Leser zum Spiel eingeladen. Er erklärt sich bereit, eine fremde Welt – die des Kunstwerkes – zu betreten, um diese für die Zeit der Lektüre als wirklich gelten zu lassen. Ricoeur zitiert in diesem Zusammenhang Wolfgang Kayser, bei dem *auch der Leser eine fiktive Gestalt, die wir annehmen können, um auf uns selbst zu schauen,* ergibt (Ricoeur 1989a: 283).

Die Aneignung im Sinn von Ricoeur ist das Moment der Selbstaufgabe um der Selbstfindung willen. Sich selbst finden angesichts des Kunstwerkes, diese Formel, die Heidegger in seiner Ästhetik des Kunstwerkes geprägt hat, die sich Gadamer ebenfalls zu Eigen machte, ist jetzt auch bei Ricoeur präsent. Sich selbst finden angesichts des Kunstwerkes, das ist der ganze Sinn des Umgangs mit Kunst und dessen Erfüllung.

Der Konflikt zwischen verschiedenen Interpretationen ist nach Ricoeur in die Seinsweise und Bestimmung eines Kunstwerkes eingeschrieben. Er ergibt sich daraus, dass es kein absolutes Wissen gibt, dafür aber ständig neue, geschichtlich bedingte Herausforderungen für den Menschen, der sich immer neu, aber nie ganz neu, im Leben zurechtfinden muss.

1.3. Die Leerstelle im Aufbau des literarischen Werkes

Der Begriff einer *Leerstelle* im literarischen Werk wurde von Wolfgang Iser (1971), in Anlehnung an Ingardens Begriff der *Unbestimmtheitsstelle* geprägt (Ingarden 1960: 261ff.). Mit Unbestimmtheitsstellen sind bei Ingarden keine realen Stellen im Text gemeint, sondern u. a. diejenigen Informationslücken, die jede sprachliche Konstruktion eines intentionalen Gegenstandes notwendigerweise generiert, indem sie nur gewählte Aspekte seines Ganzen berücksichtigt, während die anderen dabei zwar nicht angesprochen, jedoch potentiell mitgegeben sind:

Es ist nämlich nicht möglich, mit Hilfe einer endlichen Zahl Wörter, bzw. Sätze, auf eindeutige und erschöpfende Weise die unendliche Mannigfaltigkeit der Bestimmtheiten der individuellen, im Werk dargestellten Gegenstände festzulegen; immer müssen irgendwelche Bestimmtheiten fehlen (Ingarden 1993: 45).

Das Vorhandensein von Unbestimmtheitsstellen – von Ingarden im literarischen Werk im sprachlichen Konstrukt der dargestellten Welt geschildert – ist in diesem Sinn sonst jeglicher sprachlichen Darstellung zu Eigen, was hier jedoch nur konstatiert und nicht weiter erörtert wird. Jedoch meint die Unbestimmtheitsstelle nicht bloß die fehlende Information, die sich aus der Ökonomie des Sprachgebrauchs ergibt. Sie resultiert vielmehr aus der schematischen Struktur des Werkes, die auf Konkretisierung durch den Leser ausgerichtet ist (Zima 1995: 251ff). Dies bedeutet zugleich, dass sie Unbestimmtheitsstellen in einem literarischen Text nicht nur zufällig entstehen, sondern zum Teil auch als Resultat der bewussten Entscheidung des Autors anzusehen sind.

Die Unbestimmtheitsstellen werden im Rezeptionsakt des Werkes vom Leser ausgefüllt, indem die Gegenstände konkretisiert werden, d. h. eine bestimmte, anschauliche, in der Vorstellung des Empfängers fixierte Form bekommen. Die Anschaulichkeit, die von einem bestimmten Leser hergestellt wird, hat einmaligen, individuellen Charakter. Die Unbestimmtheitsstelle ist nicht – wie Iser zu Recht bemerkt – als eine Unzulänglichkeit, *das latente Manko* des literarischen Textes anzusehen (1971: 36, Anm. 6). Es gilt, dieses durch Ausfüllung der Leerstellen zu kompensieren. Somit wird der Leseakt zu einem Kompensationsakt: das Bewusstsein des Rezipienten liefert dem Werk zweifachen Halt als Ergänzungsinstrument und Standort dessen intentionaler Gegenstände. Das Vorhandensein der Unbestimmtheitsstellen eine Vielzahl von potentiellen „Bestimmtheiten" im Sinne von zahlreichen differenzierten, zeitlich, räumlich und persönlich bedingten Konkretisierungen durch den Leser generiert. Es ermöglich das Fortleben des Werkes in den nachfolgenden Generationen, sowie in fremden Kulturräumen.

An den Begriff der Leerstelle knüpft Iser in seiner Theorie der Appellstruktur des literarischen Werkes an (1971). Die Definition von Ingarden wird hier korrigiert. Iser schreibt:

> Zwischen den „schematisierten Ansichten" entsteht eine Leerstelle, die sich durch die Bestimmtheit der aneinander stoßenden Ansichten ergibt. Solche Leerstellen eröffnen dann einen Auslegungsspielraum für die Art, in der man die in den Ansichten vorgestellten Aspekte aufeinander beziehen kann. [...] Die Leerstellen eines literarischen Werkes sind nun keineswegs, wie man vielleicht vermuten könnte, ein Manko, sondern sie bilden einen elementaren Ansatzpunkt für seine Wirkung. [...] Der Leser wird die Leerstellen dauernd auffüllen beziehungsweise beseitigen (1971: 15).

Die Leerstelle ist somit nicht mit fehlender Information identisch, sondern mit fehlendem, bzw. nicht zu Ende bestimmtem Verhältnis der gegebenen Informationen zueinander. Der Leseakt besteht im ununterbrochenen Rekonstruieren der im Text genannten und vom Leser wahrgenommenen Bezüge zwischen einzelnen Sachverhalten, sowie im Konstruieren der nicht genannten, bzw. nicht wahrgenommenen Bezüge. Diese Tatsache ist von enormer Bedeutung für die Übersetzung; die Wortwahl des Übersetzers, vor dem Hintergrund der Teilsynonymität und Polysemie des Lexikons einer jeden Sprache, stellt teilweise neue Bezüge zwischen den Textelementen her (Näheres dazu unten). Zwar betont Ingarden, dass es die Aufgabe des Lesers[22] ist, *sich den vom Werk ausgehenden Suggestionen und Direktiven zu fügen, und keine ganz beliebigen, sondern die durch das Werk suggerierten Ansichten zu aktualisieren* (1968: 57); nicht desto weniger

---

22   Ingarden unterscheidet mehrere Einstellungen des Lesers zum literarischen Kunstwerk: die Einstellung eines Konsumenten, eines Forschers und eine „ästhetische" Einstellung (1968: 178f). Er lässt den bloßen Konsumenten in seinen Erwägungen unberücksichtigt. Die beiden erstgenannten Einstellungen entsprechen hingegen dem exemplarischen Leser im Sinne von Eco (siehe nächste Anmerkung).

wird sich der empirische Leser im Sinne von Eco[23] nicht völlig danach richten, was zu einer Überinterpretation des Werkes führen kann.

Das Vorhandensein der auf den Leser ausgerichteten Leerstellen ist nach Iser ein unabdingbares Merkmal eines literarischen Werkes: Sie kennzeichnen die Domäne der Literatur. Den vom Leser aufzufüllenden Leerstellen ist die vermeintliche Überzeitlichkeit der Literatur zu verdanken, ihre Resistenz gegenüber der Geschichte, *weil ihre Struktur es dem Leser immer wieder von neuem erlaubt, sich auf das fiktive Geschehen einzulassen* (1971: 34).

Mit der modernen Terminologie kann konstatiert werden, dass die Leerstellen eine Art Dialogfenster im literarischen Text öffnen, wo sich der Leser einschaltet und am Diskurs teilnimmt. Ein Merkmal der Literatur stellt ihr Dialogcharakter dar. Die Leerstelle und deren Handhabung im Übersetzungsprozess ist für die vorliegende Abhandlung von methodologischer Relevanz: darauf wird im Folgenden erneut zurückgegriffen.

---

23   Eco unterscheidet zwischen einem empirischen und einem exemplarischen Leser (1996). Der erstere Begriff meint einen konkreten Leser, der letztere hingegen einen hypothetischen Idealleser, der über lückenloses Wissen verfügt und demzufolge im Stande ist, sämtliche textimmanente und -transzendente Bezüge zu verstehen, die als *intentio operis* bezeichnet sind. Mit *intentio operis*, der Werkabsicht, sind diejenigen Lesarten identisch, die mit dem Wortlaut des literarischen Werkes nicht in Widerspruch geraten. Dies ist eine Abschwächung der These von Ingarden (1968), der diejenige Interpretation als legitim gelten lässt, die durch entsprechende Textstellen bestätigt werden kann.

2. ZIELSETZUNGEN DER ÜBERSETZUNGSSTUDIEN

2.1. Vorüberlegungen

Im Folgenden werde ich mich – um terminologische Missverständnisse zu vermeiden – des Begriffs *Übersetzungsstudien* bedienen, mit dem jegliche theoretische Auseinandersetzung mit der Übersetzung als Prozess und/oder Produkt gemeint ist, unabhängig von deren theoretischer Prägung, bzw. Zugehörigkeit zu einer Schule. Der Begriff ist auf keinen Fall als Kalkierung des englischen Terminus *Translation Studies* zu verstehen, der hier entsprechend als *Translationsstudien* wiedergegeben wird. Die Notwendigkeit, einen solchen allgemeinen, unverbindlichen Begriff zu prägen, erschien mir bei der Vielzahl einzelner Forschungsrichtungen und Orientierungen ziemlich akut; ohne einen solchen Begriff läuft man ständig Gefahr, Positionen zu verwechseln oder unberechtigte Verallgemeinerungen zu formulieren.

Viele Theoretiker der Übersetzung – obwohl der gesamten Übersetzungsproduktion verpflichtet – konzentrieren sich bei ihren Untersuchungen auf ausgewählte textgenerierende Bereiche. Bei manchen ist es Literatur (Levy, Holmes, Bassnett-McGuire, Toury, Leuven-Zwart, Hermans), bei anderen Werbung (Holz-Mänttäri) oder Wissenschaft (die Leipziger Schule um Jäger und Neubert). Dabei kommt es zu interessanten Verallgemeinerungen im Rahmen der Kommunikations- und Handlungstheorie, die textsortenübergreifend von Bedeutung sind. Unabhängig davon, welche Textgröße als elementare Einheit der Übersetzertätigkeit angesehen wird – ob es ein Einzelwort, Syntagma, Satz, Bild oder auch das Textganze ist – wird der Übersetzer in der praktischen Ausführung seiner Aufgabe immer direkt mit kleinen Textpassagen und Sinneinheiten konfrontiert. Er muss die Wortwahl treffen und eine stilistische Äquivalenz auch auf der Satzebene anstreben. Deswegen werden im Folgenden auch rein linguistische Übersetzungstheorien präsentiert, obwohl die vorliegende Abhandlung in erster Linie der Übersetzung literarischer Texte gilt.

Ein literarischer Text – vor allem ein Prosawerk – erfüllt nämlich gewöhnlich auch Kriterien eines Textes im Allgemeinen und wird m. E., zumindest stellenweise, als solcher aufgefasst, und zwar sowohl vom Leser, als auch vom Übersetzer.

Die Sprache wird hier – nach Auffassung der kognitiven Linguistik – in ihrer Multifunktionalität herangezogen, wobei die poetische Funktion nicht nur der künstlerischen, sondern auch der gewöhnlichen Sprache zu Eigen ist und die scharfe Demarkationslinie zwischen literarischem und gewöhnlichem Sprachgebrauch, sowie die Auseinanderhaltung von Semantik und Pragmatik schwindet (Tabakowska 1997: 15). Die letztgenannten Begriffe werden trotzdem im Folgenden verwendet, sofern sie für die Klarheit der Ausführungen sorgen.

Eine Übersetzungstheorie kann nach der Auffassung von Tabakowska

> nur als Ergebnis einer Integration unterschiedlicher Vorgehen zustande kommen: aus einer multidisziplinären Untersuchung. [...] Primär mit der Sprache beschäftigt, muss sich die Übersetzungstheorie unbedingt mit der Linguistik überschneiden. Ihre endgültige Gestalt wird dann von theoretischen Voraussetzungen einer bestimmten linguistischen Schule geprägt (1997: 2, Übersetzung L. W.);

Dies ergibt sich aus der Multiaspektualität des Textes, der in modernen Theorien als primäre Übersetzungsgröße angesehen wird und als solche die Rolle des einzelnen Wortes bzw. Satzes übernommen hat.

Die modernen Übersetzungstheorien fassen den Übersetzungsprozess und das Übersetzungsprodukt in ihrer Komplexität auf. Man ist nicht mehr um Gebote für die Praktiker bemüht, wie es in der preskriptiven Phase von Schleiermacher bis Nida der Fall war; man verbleibt auch nicht im engen Rahmen linguistischer Untersuchungen im Sinn der deutschen Übersetzungswissenschaft. Der zu übersetzende Text wird vor allem als Kulturprodukt, oder besser als Produkt *einer* Kultur angesehen, das durch die Übersetzung in eine fremde Kultur verpflanzt und dort integriert werden soll. Dieser Satz veranschaulicht eine besondere Schwierigkeit, die sich für den Theoretiker und Praktiker der Übersetzung aus der Natur der Sprache ergibt. Zu der Natur der Sprache gehört nämlich – wie bereits von Wittgenstein bemerkt – ihre kommunikative Potenz *trotz* der semantischen Unschärfe des Lexikons.

Mit einer Kultur, der ein Text entspringt, kann die Kultur der Sprachgemeinschaft gemeint sein, die wiederum einen komplexen Systemcharakter aufweist, oder aber die individuelle Kultur des Autors. Im Fall einer fremden Kultur ist es ähnlich, wobei jeweils noch eine Mischform als Kreuzung der beiden Faktoren in Frage kommt. Der Begriff der Integration ist ebenfalls unscharf; es bleibt unklar, ob es sich um eine Vereinnahmung handelt, die Identitätsverlust bedeutet, oder eher um Aufnahme in eine offene Struktur, die durch die Offenheit ihre Dynamik beibehält.

Der oben geschilderten Unschärfe des Lexikons entsprechen diverse Übersetzungsphilosophien, wobei der letztere Begriff das allgemeine ontologische, epistemologische und pragmatische Verständnis der Übersetzung meint. Der Übersetzung wird demnach die Wiedergabe der Dominante des Texts – des Inhalts, der Botschaft oder der Funktion des Textes – als Hauptaufgabe auferlegt, was Reiß in ihrer Dreiteilung zusammengefasst hat (1976). Die Unklarheit des Integrationsbegriffes findet ihr Pendant in den allgemeinen Übersetzungsnormen, die Toury als *initial* bezeichnet, und die den Übersetzungstext entweder dem Vertextungsmodell der Zielkultur anpassen oder das Modell des Originals beibehalten lassen (Toury 1995: 56).

Das Verständnis eines Textes als Kulturprodukt impliziert eine neue Herausforderung für den Übersetzer, nämlich eine doppelte Kulturkompetenz, worauf Vermeer (1986) und Witte (2000) deutlich hinweisen. Dabei darf die Ambiguität des Kulturbegriffs nicht außer Acht gelassen werden; der Übersetzer braucht jeweils ein Modell seines Empfängers, das er gewöhnlich selbst zu entwerfen hat. Dieses Modell entspringt seiner Zielkulturkompetenz und determiniert die Strategien im übersetzerischen Entscheidungsprozess im Sinn von Levy. Das Empfängermodell ist identisch mit der fundierten Vorstellung des Übersetzers von der „Rezeptionskraft" seines potentiellen Lesers; diese Rezeptionskraft stellt wiederum einen Komplex dar, bestehend aus Wissen, Erziehung, Sprache u. ä. und ist somit ein Derivat der Kultur.

Es ist schwer zu übersehen, dass die Übersetzung als Produkt eine besondere Art der Anwendung im Sinne von Ricoeur darstellt, dem der Prozess des Verstehens in Form des Translationsprozesses vorausgeht. In diesem Sinne kann der Übersetzungsakt als hermeneutischer Akt der Anwendung des literarischen Textes aufgefasst werden, deren besonderer Stellenwert darin besteht, dass sie weitere Anwendungen als potentielle Lesarten im jeweiligen Kulturkreis mitbestimmt.

2.2. Der Äquivalenzstreit

Im Bereich der allgemeinen Linguistik taucht das Problem der Äquivalenz nicht primär bei interlingualer Übersetzung im Sinn von Jakobson auf (1959), sondern innerhalb eines jeden separaten Sprachsystems, und zwar unter dem Namen der Synonymität. Vollsynonyme als Bedeutungsträger von gleicher Denotation, von gleicher Konnotation, Stilfärbung und Funktion (also: völlig austauschbar in der Performanz) sind ziemlich spärlich im Lexikon einer Sprache vertreten. Viel häufiger kommen semantische Vollsynonyme vor, die sich hinsichtlich der anderen genannten Aspekte voneinander unterscheiden, bzw. Teilsynonyme, die einander nur partiell entsprechen. Die Synonymität betrifft Wörter und Syntagmen; die Frage, ob sie auch als syntaktische Kategorie verwendet werden soll, ist umstritten.

In den Übersetzungsstudien ist der Begriff der Äquivalenz ohne Zweifel auch – obwohl nicht ausschließlich – ein sprachliches Phänomen; denn es handelt sich dabei um das Verhältnis zwischen zwei Sprachphänomenen, auch wenn sich deren Umfang zwischen einem einzigen Lexem und einem langen Text erstreckt. Dass das Problem der Äquivalenz auch außersprachliche Aspekte mit einschließt, gilt heutzutage als selbstverständlich.

Für jeden, der die allgemeine Bedeutung des Begriffes Äquivalenz als Gleichwertigkeit versteht, ist die Verknüpfung zwischen Äquivalenz und Übersetzung eine Selbstverständlichkeit: bei der Übersetzung handelt es sich um die Herstellung eines Translats, das mit dem Original gleichwertig wäre. Beim näheren Hinblick auf die moderne Geschichte der Übersetzungsstudien stellt sich jedoch schnell heraus, dass die Auffassung des Äquivalenzbegriffes, sowie dessen Stellenwert in den Übersetzungsstudien eine Variable darstellen, deren Spannweite sich zwischen totaler Assimilation und totaler Ablehnung erstreckt.

2.2.1. Totale Assimilation

Mit totaler Assimilation ist hier zweierlei gemeint: Erstens die Tatsache, dass die Begriffe der Äquivalenz und der Übersetzung, von denen keiner endgültig klar definiert ist, sich gegenseitig definieren, zweitens die explizite Forderung vieler Wissenschaftler, den Terminus *Übersetzung* für diejenigen anderssprachigen Fassungen eines Textes vorzubehalten, die sich durch Äquivalenzbeziehungen kennzeichnen. Ersteres kann durch folgende ausgewählte Definitionen der Translation belegt werden:

(1) Übersetzung kann wie folgt definiert werden: die Ersetzung des Textstoffes in einer Sprache (AS) durch äquivalenten Stoff in einer anderen Sprache (ZS) (Catford 1965: 20).[24]

(2) Interlinguale Übersetzung kann als Ersetzung der Elemente einer Sprache, der Domäne der Übersetzung, durch äquivalente Elemente einer anderen Sprache, dem Bereich der Übersetzung, definiert werden (Oettinger 1960: 110, Übersetzung L. W.).[25]

---

24 Translation may be defined as follows: the replacement of textual material in one language (SL) by equivalent material in another language (TL).

25 Interlingual translation can be defined as the replacement of elements of one language, the domain of translation, by equivalent elements of another language, the range of translation (Pym 1992)

(3) Übersetzen besteht im Reproduzieren in der Empfängersprache des nächsten natürlichen Äquivalents der ausgangssprachigen Botschaft, zuerst nach Bedeutung, dann nach Stil (Nida/Taber 1969: 12).[26]

(4) Übersetzen ist eine Folge von Formulierungsprozessen, die von einem schriftlichen AS-Text zu einem möglichst äquivalenten zielsprachlichen (zs) Text hinüberführen (Wilss 1980: 14).

(5) Eine Übersetzung ist das Resultat einer sprachlich-textuellen Operation, die von einem AS-Text zu einem ZS-Text führt, wobei zwischen ZS-Text und AS-Text eine *Übersetzungs- (oder Äquivalenz-)relation* hergestellt wird (Koller 1992: 17).

Letzteres hat Schäffner zusammengefasst:

Es wurde (und wird immer) argumentiert, dass die Übersetzung von anderen abgeleiteten Texten unterschieden werden muss, so wie es in der Opposition zwischen Translation (proper) und Adaptation (insb. Koller, 1979), semantischer Übersetzung und kommunikativer Übersetzung (Newmark, 1981), sichtbarer und unsichtbarer Übersetzung (House, 1977) wiedergegeben ist, und dass das Label „Übersetzung" für diejenigen Fälle reserviert werden sollte, in denen eine Äquivalenzbeziehung besteht (Schäffner 1999: 5, Übersetzung L. W.).

In dem obigen Kommentar von Schäffner wird implizit darauf hingewiesen, dass der Versuch einer definitorischen Erfassung der Äquivalenz durch den Fehler belastet ist, der in der Philosophie als *petitio principii* bezeichnet wird und dessen Wesen im stillschweigenden Voraussetzen des zu Beweisenden besteht.

Zugleich fehlt es jedoch nicht an Versuchen, die Äquivalenz zu definieren; Mary Snell-Hornby will 58 verschiedene Typen von Äquivalenz in deut-

---

26   Translating consists in reproducing in the receptor language the closest natural equivalent of the source-language message, first in terms of meaning and secondly in terms of style.

schen Studien zur Übersetzung gefunden haben (1986: 15). Hier einige repräsentative Beispiele der Äquivalenzdefinition:

(1) Mit dem Begriff der Äquivalenz wird postuliert, dass zwischen einem Text (bzw. Textelementen) in einer Sprache L1 (AS-Text) eine Übersetzungsbeziehung besteht. Der Begriff Äquivalenz sagt dabei noch nichts über die Art der Beziehung aus: Diese muss zusätzlich definiert werden (Koller 1992: 215).

(2) Übersetzerische Äquivalenz kommt vor, wenn ein AS-Text und ein ZS-Text oder eine Einheit auf dieselben relevanten Züge der Situationssubstanz (auf mindestens einige von ihnen) bezogen werden können (Catford 1965: 50).[27]

(3) Äquivalenz ist, was ihr Name besagt: Gleichwertigkeit, d. h. die zielsprachliche „Entsprechung" ist als optimal äquivalent zu betrachten, wenn sie nach Maßgabe des sprachlichen und situationellen Kontextes, der Sprach- und Stilebene, der Intention des Autors etc. ausgewählt ist und im Sprachsystem der Zielsprache die gleiche „Wertigkeit" besitzt wie die ausgangssprachliche Einheit in der Ausgangssprache (Reiss 1971: 11f.).

(4) Aus den angeführten Definitionen ergibt sich der Begriff der Äquivalenz als Relation der Identität zwischen einem Originaltext und dessen Übersetzung definiert, Identität im Bereich der Bedeutung oder/und der Form (Schäffner 1999: 5). Der Kreis hat sich geschlossen.

---

27 Translation equivalence occurs when an SL and a TL text or item are relatable to (at least some of) the same relevant features of situation substance.

2.2.2. Totale Ablehnung

Die Ablehnung des Äquivalenzbegriffes durch manche Theoretiker kann als logische Konsequenz dieser tautologischen Relation zwischen den Begriffen der Äquivalenz und Übersetzung angesehen werden. Innerhalb dieser Logik reicht es aus, die Übersetzung und deren Aufgaben neu zu definieren, um ein neues gültiges Äquivalenzverhältnis herzustellen; insofern kann auf letzteres verzichtet werden.

Ganz stark setzt sich auch Van den Broeck gegen den Gebrauch des Äquivalenzbegriffes:

> Wir müssen aus allen Kräften die Idee ablehnen, dass die Äquivalenzbeziehung die Übersetzung betrifft. Denn es wäre total irreführend zu sagen, dass der Begriff der Äquivalenz, wie ein gewöhnliches Gesetz, die Relation zwischen einer Ursache (dem Originaltext) und einem Ergebnis (seiner Übersetzung) beschreibt (1987: 33, Übersetzung L. W.).

Van den Broeck beruft sich auf die Definition der Äquivalenz in der Mathematik, wo mit dem Begriff eine reflexive, symmetrische und transitive Relation gemeint ist. Die genannten Eigenschaften treffen hingegen nicht zu für das Verhältnis zwischen Original und Übersetzung. Van den Broeck zitiert in dem Zusammenhang ein Beispiel von Holmes: von fünf verschiedenen Übersetzern desselben Gedichts seien fünf unterschiedliche Texte zu erwarten, von denen keiner nach Rückübersetzung mit dem Original identisch wäre.

Theo Hermans, der ein Kapitel seines Buches (1999) *Equivalence?* überschrieben hat, argumentiert gegen den Äquivalenzbegriff – ähnlich wie auch Van den Broeck – aus der Perspektive der Translationsstudien; in einer Disziplin, die auf die Suche nach Normen ausgerichtet ist, die in einer Kultur und einer Epoche die Übersetzungsproduktion determinieren, einer Disziplin, für die jede existente Übersetzung im Umlauf von Interesse ist und als Übersetzung gilt, erübrige es sich, von Äquivalenz zu sprechen:

Kulturen konstruieren Translation als eine ideologische Kategorie, genauso wie sie, zum Beispiel, Gattungsunterschiede konstruieren. Aus diesem Grund würde eine kritische Disziplin wie Translationsstudien Recht behalten, wenn sie zu diesem Termin auf Distanz ginge (1999: 98, Übersetzung L. W.).[28]

Seine Ablehnung des Äquivalenzbegriffes leitet Hermans unmittelbar von Tourys Auffassung der Rolle der Translationsstudien ab, die unten dargestellt wird. Er stellt die Anwendbarkeit des Begriffes auf die Übersetzung auf Grund dessen eigentlichen Denotation als *Gleichwertigkeit* in Frage. Seine Zweifel sind hier jedoch nicht nur Ausdruck des linguistischen und kulturellen Relativismus im Sinne von Sapir/Whorf, sondern sie betreffen direkt die jeweiligen Machtverhältnisse, unter denen der Austausch in Form von Übersetzung erfolgt:

> Postkoloniale Studien haben immer wieder gezeigt, dass die Relationen zwischen Gemeinschaften und Kulturen selten Relationen zwischen Gleichberechtigten sind [...]. Dass sich einige moderne irische Dichter weigern,ihr Werk ins Englische übersetzen zu lassen, ein evidentes Beispiel für eine politische Signifikanz einer Nicht-Übersetzung, erscheint in einem Kontext, in dem die Sprachen wie Englisch und Irisch nicht auf dem gleichen Fuß sind.[...] Die Behauptung von einem gleichen Wert durch den Terminus „Äquivalenz" weist diesen als Unangemessen in solchen Kontexten (1999: 97).

Es darf nicht verwundern, dass die Kritik des Äquivalenzbegriffes von der Seite der Vertreter der Translationsstudien kommt (wenn auch nicht ausschließlich von dieser Seite, z. B. auch von Holz-Mänttäri und Snell-Hornby). Zum ersten stellen nämlich literarische Texte, den Hauptgegenstand dieser Studien dar, bei denen sich die gängigen Äquivalenzbegriffe, die nicht über die Satzebene hinausreichen, als unzulänglich erweisen. Zum

---

28 "Cultures construe translation as an ideological category, just as they construe, for example, gender distinctions. Equivalence could be seen as part of that construction. That is why a critical discipline of translation studies would do well to keep the term at arm's length.

zweiten geht es dabei, wie von Hermans ausgeführt, um die Untersuchung geschichtlicher Auffassung der Äquivalenz in seiner Funktionalität, also nicht um die Suche nach dem Wesen des Begriffes.

Der Wirbel um den Terminus *Äquivalenz* resultiert vor allem daraus, dass er nur im lexikalischen Bereich klar, eindeutig und dadurch plausibel erscheint. Mit der quantitativen Erweiterung der untersuchten Einheiten, die gewöhnlich auch den qualitativen Schwierigkeitsgrad steigert, verliert der Äquivalenzbegriff seine festen Umrisse und verdünnt sich zu einer intuitiven Vorstellung, die als solche nicht verifizierbar ist. Die Aufgabe, ein Wortpaar aus einem Sprachpaar auf Äquivalenz zu untersuchen, ist kaum zu vergleichen mit einer ähnlichen Aufgabe in Bezug auf einen umfangreichen Text und dessen Übersetzung innerhalb desselben Sprachpaars. Deswegen kann auch die Debatte um den Umfang des Transems, bei dem der Äquivalenzbegriff noch zutreffen mag, als *Transemstreit* bezeichnet werden. Bei der Kritik handelt es sich nämlich nicht darum, dem Äquivalenz Begriff *jegliche* Nützlichkeit abzusprechen, sondern bloß dessen Nützlichkeit in Bezug auf Texte wird in Frage gestellt.

Mit seiner kritischen Bemerkung zum Äquivalenzbegriff betont Hermans, dass es eine Denkgewohnheit sei, an Übersetzung in Äquivalenzkategorien zu denken, *dass wir routinemäßig Übersetzung mit Äquivalenz assoziieren* (1999: 97, Übersetzung L. W.). Damit trifft er den Kern des Problems, denn unabhängig davon, wie scharf oder unscharf der Begriff umrissen ist, bleibt eine Intuition der Äquivalenz am Werk; am Werk bleiben heißt hier – im Sinn von Wittgensteins Auffassung der Sprache, die arbeitet – das übersetzerische Verhalten in einer bestimmten Situation unabhängig von der Reflexions- und Konzeptualisierungsstufe regeln. Zu Recht bezeichnet Tabakowska das Problem der *Äquivalenz* als

> das Hauptproblem, das sich den Verfechtern unterschiedlicher, innerhalb der allgemeinen Struktur der modernen Übersetzungstheorien verbreiteten Verfahren bietet [...], egal ob es als zentraler theoretischer Begriff anerkannt, oder als „Illusion" angesehen wird (1993: 2, Übersetzung L. W.).

2.3. Ausgewählte Auffassungen des Äquivalenzbegriffes

Im Folgenden werden einige bekannte, oft zitierte Auffassungen der Äquivalenz geschildert, für deren Zusammenstellung es keinen besonderen Schlüssel gibt. Es geht lediglich darum, diverse Begriffe der Äquivalenz in ihrer Verschiedenheit zu erfassen, wodurch das Wesen des Äquivalenzproblems zum Vorschein kommt.

2.3.1. Eugene Nida: Dynamische Äquivalenz

Der amerikanische Bibelforscher und Bibelübersetzer Eugene Nida hat in die Übersetzungstheorie den Begriff der dynamischen Äquivalenz eingeführt, deren Bedeutsamkeit auch in der Übersetzungspraxis kaum überschätzt werden kann. Heutzutage wird in diesem Sinne häufiger von einer funktionalen Äquivalenz gesprochen, weil die situative Funktion der untersuchten Paralleläußerungen im außersprachlichen Kontext für die Feststellung der Äquivalenzbeziehung zwischen den beiden entscheidend ist. Nida schreibt:

> Formale Äquivalenz ist auf die Botschaft selbst fokussiert, sowohl hinsichtlich der Form, als auch hinsichtlich des Inhalts. Bei einer solchen Übersetzung ist man um solche Korrespondenzen bemüht, wie Poesie für Poesie, Satz für Satz und Begriff für Begriff.[...] Eine durch dynamische Äquivalenz gekennzeichnete Übersetzung strebt eine völlige Natürlichkeit des Ausdrucks an und versucht, eine Beziehung herzustellen zwischen dem Empfänger und den Verhaltensweisen, die im Kontext seiner eigenen Kultur relevant sind (Nida 1964: 159, Übersetzung L. W.).[29]

---

[29] Formal equivalence focuses attention on the message itself, in both form and content. In such a translation one is concerned with such correspondences as poetry to poetry, sentence to sentence, concept to concept. [...] A translation of dynamic equivalence aims at complete naturalness of expression, and tries to relate the receptor to modes of behavior relevant within the context of his own culture.

Die dynamische Äquivalenz stellt einen Gegensatz zur formalen dar; letztere meint die formale Nachahmung des Originals, eine Wiedergabe „Wort für Wort", wobei nur diejenigen Transformationen als legitim gelten, die durch das syntaktische System der Übersetzungssprache erzwungen werden. Am Beispiel der dynamischen Äquivalenz, deren Standort am Gegenpol der formalen ist, kann deutlich gezeigt werden, dass sich der Begriff der Äquivalenz unmittelbar aus der jeweiligen Auffassung der Übersetzung als Prozess und Produkt ergibt. Je nachdem, ob die Übersetzung als möglichst treue Wiedergabe des Buchstabens des Originals definiert wird oder als Verständlichmachen des Originals für den Rezipienten, gilt die formale oder dynamische (später als funktional bezeichnet) Äquivalenz als oberstes Prinzip.

Nida fasst die Erkenntnis und Fixierung der Botschaft des Originaltextes als eigentliche Aufgabe des Übersetzers auf. Dies ist insofern verständlich vor dem Hintergrund seiner Primärbeschäftigung mit der Bibel, als seine gesamte Theorie gezielt für zukünftige Bibelübersetzer erarbeitet und anschließend durch die allgemeine Übersetzungswissenschaft übernommen wurde. Nicht unproblematisch mutet jedoch der Begriff der Botschaft des Originals an, deren Erfassung oft interpretatorischen und dadurch subjektiven Charakter aufweist. In diesem Sinn schildert Genzler (1993: 12ff) die Experimente von A. I. Richards, die als Beweis einer absoluten Textinterpretation konzipiert waren, aber nur die geschichtliche Verstrickung des interpretatorischen Urteils belegen konnten.[30]

---

30   Im Experiment von Richards bekamen seine besten Studenten die Aufgabe, einen Text, über den sie nichts Näheres wussten (nicht einmal den Namen des Autors), eigenständig, ohne jegliche Beeinflussung von außen zu interpretieren. Es hat sich herausgestellt, dass sie sich den gängigen Trends der Literaturkritik angepasst haben, d.h. im Allgemeinen die Interpretationslinien befolgten, die ihnen im Studium auferlegt wurden. Das Experiment erwies sich somit als „Teufelskreis": das Ergebnis hängt ab vom „Input", den Inhalten der vorausgehenden Interpretationsschulung und kann nicht als Indiz einer Absolutheit gelten.

2.3.2. Katharina Reiß: Äquivalenz gegen Adäquatheit

Ein akutes Problem der Übersetzungstheorie ergibt sich daraus, dass sich die theoretischen Ausführungen um eine allgemeine, universale Übersetzungstheorie bemühen, die allen Typen von sprachlichen Äußerungen in übersetzter Fassung gerecht wären. Im Endergebnis entsteht gewöhnlich ein Konzept, das bestimmten Textsorten genügt und für andere nicht ausreicht. Katarina Reiß versuchte diese Aporie aufzuheben. Reiß (1993) unterscheidet erst einmal zwischen Äquivalenz und Adäquatheit.

Sie schreibt:

> Adäquatheit ist so viel wie Angemessenheit. Angemessenheit ist keine Größe in sich, sondern muss im Zusammenhang mit einem Tun gesehen werden. Man kann etwas angemessen tun im Blick auf den Zweck des Handelns. [...] Adäquatheit ist also eine Relation Mittel: Zweck und damit prozessorientiert (handlungsorientiert) (1993: 80).

Diese Definition der Adäquatheit, die sich wesentlich unterscheidet von der Auffassung Tourys (siehe unten) stellt – aus der linguistischen Perspektive des Sprachzeichens – eine Auflockerung des Äquivalenzbegriffs dar; sie bewegt sich innerhalb des erstgenannten Äquivalenztyps von Komissarov[31], wo die kommunikative Absicht des Originals und die Situativität die einzigen Merkmale der Äquivalenzbeziehung darstellen. Nach Reiß

---

31 Komissarov untersucht die Äquivalenzbeziehungen auf Satzebene; unter Äquivalenz versteht er die kommunikative Gleichwertigkeit von zwei Äußerungen. Er unterscheidet fünf Typen von Äquivalenz, die eigentlich als Stufen bezeichnet werden sollten und die progressiv angeordnet sind, so dass der „höhere" Typ jeweils die Merkmale des vorausgehenden mit einschließt (1977: 48ff). Der erste Typ der Äquivalenz betrifft die Sätze eines Sprachpaars, denen lediglich die gleiche kommunikative Absicht zugrunde liegt, die jedoch mit ganz unterschiedlichen Sprachmitteln realisiert wird. Der zweite Typ vereint die Übersetzungsvarianten, die neben der kommunikativen Absicht auch die reale Situation erkennen lassen, die im Original gemeint war. Eine Identifikation der Situation ist somit möglich; die Sprachmittel des Originals und der Übersetzung bleiben

ist Äquivalenz die Relation der Gleichwertigkeit von Sprachzeichen in jeweils zwei Sprachsystemen (= der langue-orientierte Äquivalenzbegriff der Kontrastiven Linguistik), und Textäquivalenz ist die Relation der Gleichwertigkeit von Sprachzeichen eines Textes in je zwei verschiedenen Sprachgemeinschaften mit ihrem je eigenen soziokulturellen Kontext (= der parole-orientierte Äquivalenzbegriff der Übersetzungswissenschaft) (1993: 82).

Hier wird deutlich auf mögliche Abweichungen zwischen sprachsystembedingten Parallelen innerhalb eines Sprachpaares und textuellen Parallelen zwischen zwei anderssprachigen Performanzen hingewiesen. Die unmittelbare Konsequenz der Auseinanderhaltung der oben genannten Äquivalenzbegriffe ist die Erweiterung des Begriffes der Kompetenz eines Translators: Außer der bilingualen Sprachkompetenz umfasst er auch die Kulturkompetenz, was die modernen Übersetzungstheorien einhellig betonen (Witte 2000).

In Anlehnung an die Taxonomie von Bühler einerseits und an das Konzept der Invarianten eines Texts von Levy andererseits erarbeitet Reiß eine dreigliedrige Einteilung der Texte, je nach Dominante, indem sie zwischen inhaltsbetonten, formbetonten und effektbetonten Texten unterscheidet; diese ergeben entsprechend informative, expressive und appellative Texttypen, die auch zu Mischtypen führen (Reiß 1976: 10ff.). Die Arbeit des Übersetzers besteht somit in der Zuordnung seiner Vorlage zu einem Typ und der Feststellung der Invarianten, die es in der Wiedergabe aufzubewahren gilt.

---

verschieden. Der dritte Typ der Äquivalenz umfasst die übersetzerischen Lösungen, bei denen außer der kommunikativen Absicht und Identifikation der Situation auch die Methode der Situationsbeschreibung aus dem Original übernommen wird. Das bedeutet, dass der Originalsatz und dessen Übersetzung die gleichen Schlüsselbegriffe enthalten, die jedoch syntaktisch anders strukturiert sind. Der vierte Typ der Äquivalenz ist durch die Merkmale der drei vorausgehenden Typen gekennzeichnet, zusätzlich aber durch einen beträchtlichen Parallelismus der eingesetzten Lexeme und syntaktischen Strukturen. Der fünfte Typ der Äquivalenz meint den Parallelismus aller semantischen Einheiten und syntaktischen Strukturen zwischen Original und Übersetzung und kann auch als eine Wort-für-Wort-Übersetzung markiert werden.

Die Sprachmittel, der sich der Übersetzer bedient, prägen sein Ergebnis als äquivalent oder adäquat im oben genannten Sinn. Es ist schwer zu übersehen, dass die Bestimmung der Invarianten möglicherweise nicht frei ist von subjektiven Präferenzen des Translators, wobei die bereits erwähnte Frage der Interpretation nahe liegt. Deswegen ordnet Wolfram Wills (1977) den Äquivalenzbegriff der Übersetzungskritik und nicht der Übersetzungswissenschaft zu; die Subjektivität der Begriffsbestimmung wird dadurch sanktioniert.

Reiß weist darauf hin, dass der Äquivalenz der Wörter als Textkonstituenten das Fehlen der Äquivalenz des Ganzen entsprechen kann und umgekehrt:

> Wenn Äquivalenzbeziehungen zwischen einzelnen Elementen eines Textpaares bestehen, so heißt das noch nicht, dass auch Textäquivalenz insgesamt gegeben ist. [...] Umgekehrt heißt das aber auch: Wenn Textäquivalenz insgesamt gegeben ist, so heißt das noch nicht, dass Äquivalenz zwischen allen Textsegmenten bzw. -elementen eines Textpaares besteht (1993: 83).

Die obige Feststellung macht deutlich, dass der Begriff der Äquivalenz nicht einheitlich ist und jeweils eine definierte Textgröße als Voraussetzung seiner Funktionalität verlangt.

2.3.3. Otto Kade: Äquivalenz als Lexikonverhältnis

Die von Kade (1968) unterschiedenen vier Äquivalenzarten (Eins-zu-Eins, Viele-zu-Eins, Eins-zu-Teil und Eins-zu-Null) stellen im Grunde eine Kategorisierung der Einträge in zweisprachigen Wörterbüchern dar und lassen sich praktisch effektiv nur auf der Wort- und Syntagmenebene verwenden; die Äquivalenzfrage betrifft dabei jeweils den semantischen Aspekt der Entsprechung. Mit der Eins-zu-Eins-Äquivalenz, auch *total* genannt, ist eine vollkommene Übereinstimmung zwischen zwei Lexemen aus zwei verschiedenen Sprachen gemeint (z. B. dt. *Geld* – engl. *money*, dt. *Löwe* – engl. *lion*). Sie ist am besten an gegenständlicher Referenz des Lexems überprüfbar und am einfachsten an Konkreta feststellbar. Die Viele-zu-Eins-Äquivalenz (auch *fakultativ* genannt) kommt vor, wenn zwei (oder mehr) nichtsynonymischen Lexemen aus einer Sprache nur eine einzige Entsprechung in der anderen Sprache zugeordnet werden kann (z. B. dt. *Dienst, Bedienung, Gottesdienst*, engl. *service*). Die Eins-zu-Teil-Äquivalenz (auch a*pproximativ* genannt) meint die Möglichkeit, einem einzigen Lexem einer Sprache zwei (oder mehr) Lexeme der anderen Sprache zuzuordnen, ohne dabei ganz genau die Spezifik des Wortes zu erfassen (z. B. dt. *Nichte* – poln. *bratanica*, also: die Tochter des Bruders oder *siostrzenica*, also: die Tochter der Schwester). Die Eins-zu-Null-Äquivalenz (auch *Nulläquivalenz* genannt) konstatiert das Fehlen der Entsprechung eines Lexems im Lexikon der anderen Sprache (dt. *Azubi* – poln.?). Sie betrifft oft Begriffe, die Realien einer Kultur bezeichnen, die in der anderen Kultur kein Pendant besitzen. Es wurde eine Reihe von Übersetzungstechniken entwickelt, der Nulläquivalenz beizukommen, wie Umschreibung, Kalkierung, Übernahme (Nichtübersetzung), Rückgriff auf ein Analogon. Kade hat seine Äquivalenztypologie sprachsystemanalytisch bearbeitet. Demzufolge erfassen sie, wie bereits erwähnt, lediglich den semantischen, denotativen Aspekt der untersuchten Einheiten und sagen nichts über den formalen Aspekt der praktischen Anwendung in der Performanz aus.

2.3.4. Werner Koller: Textlinguistische Auffassung

Werner Koller (1992) beschäftigt sich mit dem textuellen Charakter der Äquivalenz, d. h. versteht den Prozess der Übersetzung als *Reproduktion* eines Textes (des Originals) nach bestimmten Regeln, und zwar den Regeln der Äquivalenz. Koller unterscheidet fünf Äquivalenzarten auf der Textebene, die er entsprechend als *denotativ, konnotativ, textnormativ, pragmatisch* und *formal-ästhetisch* bezeichnet. Ein denotativ äquivalenter Übersetzungstext gibt den Sachverhalt wieder, der im Original enthalten ist. Eine konnotativ äquivalente Übersetzung berücksichtigt die soziale, geographische, stilistische u. ä. Prägung des Originals. Die textnormative Äquivalenz bedeutet die Bewahrung der Textgattung des Originals mit deren spezifischen Merkmalen. Die pragmatische Äquivalenz meint die Einstellung des Übersetzungstextes auf den Empfänger, unter Berücksichtigung dessen Erkenntnismöglichkeiten. Die formal-ästhetische Äquivalenz erfordert die Aufbewahrung ästhetischer Werte des Originals in der Übersetzung (Koller 1992: 216).

In einer rückblickenden Selbstkritik (2002) gibt Koller zu, in seinen früheren Arbeiten den kommunikativ-kulturellen Aspekt der Übersetzung auf der Empfängerseite vernachlässigt zu haben. Daraus leitet er die Erkenntnis ab, *dass das „Kulturproblem" der Übersetzung weder überschätzt und verabsolutiert noch unterschätzt werden sollte* (2002: 124). Dieses Fazit kann als Appell um Maß im Streben nach einer empfängerkonformen Ausgestaltung des Übersetzungsproduktes angesehen werden.

2.3.5. Gideon Toury: Äquivalenz als Norm

In der Konzeption von Toury sind es die Normen, die das jeweilige Verständnis von Äquivalenz determinieren und sanktionieren:

> Es sind Normen, die (den Typ und den Grad von) Äquivalenz determinieren, die sich in konkreten Übersetzungen manifestiert. [...] Vielmehr als eine einzelne Beziehung, die einen wiederkehrenden Typ der Invariante bezeichnen würde, umfasst sie eine jede Beziehung, von der festgestellt wird, dass sie die Übersetzung unter einem bestimmten Satz von Bedingungen kennzeichnete (Toury 1995: 61, Übersetzung L. W.).[32]

Dies bedeutet – wie Hermans zu Recht bemerkt – dass der Äquivalenzbegriff praktisch nicht mehr gebraucht wird: *„Er wurde zu einem bloßen Namen degradiert, einem unbeschrifteten Etikett, das ausgefüllt gehört"*[33] (Hermans 1999: 97, Übersetzung L. W.). Nach Toury ist es nämlich nur

---

32 Any relation which is fund to hale characterized translation under a specified set of circumstances.

33 It has been downgraded to a mere name, a blank label to be filled in.

sinnvoll zu erforschen, was in der Kulturgeschichte, deren festen Bestandteil die Übersetzung ausmacht, jeweils *für Äquivalenz gehalten* wurde.

Die Übersetzung wird von Toury als normgesteuerter Prozess angesehen; die Normen spiegeln dabei die geschichtlich bedingte Auffassung des Äquivalenzbegriffs wieder, der im Komplex des politischen, sozialen, religiösen und kulturellen Werdegangs einer Nation eingebettet ist.

2.3.6. Anthony Pym: Äquivalenz als Tauschwert

Pym beginnt seine Überlegungen zur Äquivalenz mit der Analyse des Wertbegriffes und zieht eine Demarkationslinie zwischen natürlichem Wert, der keinen Marktwert besitzt (wie Wasser), und konventionellem Wert, dem kein natürlicher Wert eignet (wie bei Gold). Er führt aus, dass Äquivalenz als Gleichwert zu der Reihe konventioneller Werte gehört und demzufolge *an sich* eine Illusion ist, sich jedoch als Artefakt nützlich und sinnvoll erweist.

Seine Argumentation gegen den Status der Äquivalenz als natürlicher Wert stützt Pym auf de Saussures Begriff des Wertes als semantisches Potential, das einem Element durch das Vorhandensein oder Fehlen der angrenzenden Begriffe verliehen wird (1992: 43); dieser Begriff des Wertes eliminiert, wie er zu Recht schlussfolgert, die Möglichkeit eines Gleichwerts zwischen zwei separaten Sprachsystemen:

> Wenn sich der Saussursche Wert auf relative Positionierung der Elemente innerhalb der ganzen Sprache bezieht, so verneint die Tatsache, dass verschiedene Sprachen den semantischen Raum auf verschiedene Art und Weise aufteilen, theoretisch selbst die Möglichkeit, dass verschiedene Elemente vom gleichen Wert wären (1992: 40, Übersetzung L. W.).

Das Obige entspricht dem Standpunkt des kulturellen und linguistischen Relativismus von Sapir/Whorf[34], dessen translatorischer Pessimismus jedoch nur epistemischer, nicht kommunikativer Prägung ist. Folgerichtig verkündet Pym keinen Tod, sondern nur eine Umformulierung des Äquivalenzbegriffes. Demnach hat Äquivalenz kein Existenzrecht außerhalb der betreffenden kommunikativen Situation, *Äquivalenz ist künstlich, fiktiv, etwas, was auf dem Level der Übersetzung selbst herzustellen ist. Aber sie muss hergestellt werden* (1992: 48). Äquivalenz wird definiert als Tauschwert, wobei *dasjenige, was getauscht wird, letzten Endes eine Repräsentation dieses Teils von Y [transferiertem Text – L.W.] ist, von dem es heißt, dass er in der betreffenden Tauschsituation von Wert ist* (1992: 48). Das Vorhandensein einer Äquivalenzbeziehung kennzeichnet nach Pym eine Übersetzung im eigentlichen Sinn und unterscheidet sie von einer Nicht-Übersetzung.

Die Ergebnisse der Ausführungen von Pym führen zur Verlagerung der Äquivalenzproblematik von der Sprachsystem – auf die Performanzebene, vom Text zum situativen Kontext. Es wurden keinerlei textimmanente Maßstäbe erarbeitet, nach denen das Bestehen einer Äquivalenzbeziehung *im Zweifelsfall* entschieden werden könnte. In der Konsequenz scheint Pym bloß für die Beibehaltung eines semantisch leeren, aber pragmatisch nützlichen Terminus zu plädieren.

2.3.7. Ein methodologisches Postulat: Äquivalenz als Spielwert

Die vorausgehenden Einsichten in einige repräsentative Auffassungen des Äquivalenzbegriffs erlauben die Schlussfolgerung, dass es sich dabei um eine Konvention handelt, die in ihrer Form jedoch nicht willkürlich ist, sondern von dem Verständnis des Wertes als Maßstab abhängt. Nicht von

---

34 No two languages are ever sufficiently similar to be considered as representing the same social reality. The worlds in which different societies live are distinct worlds, not merely the same world with different labels attached.

ungefähr wurden oben diverse Blickwinkel dargestellt, die unterschiedliche Auffassungen des Wesens der Äquivalenz markieren, denn ihre Mehrzahl und ihre Differenziertheit erlauben eine Zwischenbilanz:

(1) Das Phänomen der Äquivalenz wird allgemein als relativ angesehen; die Umstände der Relativität reichen vom Umfang des Transems, über die Merkmale des Textes bis zum außersprachlichen Kontext.

(2) Der Begriff der Äquivalenz als Gleichwertigkeit wird als Sammelbegriff angesehen, der verschiedene Teilaspekte, aber nie sämtliche Aspekte der Gleichwertigkeit erfasst.

(3) Der Effekt der Äquivalenz als absolute Gleichwertigkeit des Translats gegenüber dem Original wird allgemein als Utopie angesehen.

(4) Das Problem der Äquivalenz beschäftigt alle Theoretiker, auch diejenigen, die den Begriff verbannen wollen.

Die oben zusammengestellten Züge der allgemeinen Auffassung von Äquivalenz erlauben, dieser spielerischen Charakter zuzusprechen, sie als Wert in einem Spiel anzusehen. Ein wichtiges Merkmal eines Spiels ist es, wie von Gadamer und Ricoeur ausgeführt, dass der Spieler um das Spielerische des Events weiß, das er von der Realität zu unterscheiden vermag. Es ist nicht der Spieler, sondern der Zuschauer (Rezipient), der sich hinreißen lässt und im Spiel aufgeht.

Der Übersetzer ist sich der Tatsache bewusst, dass er den Originaltext nicht in dessen Komplexität wiederzugeben vermag; das Konzept der Invariablen veranschaulicht diese Unmöglichkeit, und konzeptualisiert wird sie in Jakobsons Begriff der schöpferischen Transposition. In der Konsequenz tut der Übersetzer trotzdem, als ob er an die Möglichkeit des Unmöglichen glauben würde: er beschränkt sich nicht auf die Auflistung der Invariablen oder Mitteilung der Botschaft, sondern erstellt eine Sekundärfassung des Textes im ganzen Umfang. Dadurch wird er zum Spieler in einem Spiel, dessen Regeln (Äquivalenzregeln) er meistens nicht selbst bestimmt, sondern er verwendet die vorhandenen.[35] Die Sprach- und Kulturkompetenz des Translators erlauben ihm noch viel deutlicher als irgendeinem seiner Empfänger, die Grenzen und Unzulänglichkeiten des übersetzerischen Transfers wahrzunehmen. Der Übersetzer führt seine Arbeit im Ernst, obwohl er sich der Unerreichbarkeit deren idealen Ziels bewusst ist. Nur der Übersetzer und derjenige, der seine Arbeit nicht braucht – der bilinguale Begutachter seiner Leistung – sind Verbündete, die um die Kluft zwischen der Vorlage und übersetzter Sekundärfassung wissen. Der Auftraggeber und der Empfänger nehmen die übersetzerische Leistung mit dem Ernst entgegen, der dem Original gebührt. Als *tertium comparationis* bei der Auswertung einer Übersetzung und der Untersuchung der Äquivalenzbeziehungen fungiert immer die schwärzeste von allen *black boxes* (Hermans 1999), der individuelle Verstand.

In seiner Darbietung des Spielbegriffes weist Heibert (1993) auf die Unschärfe des Spielbegriffes trotz vieler Definitionen, sowie auf zwei Aspekte, die diesen zahlreichen Definitionen des Spiels gemeinsam sind:

> einerseits „Spiel" als Haltung, als psychische Befindlichkeit, als Trieb, unterschieden (wenn auch nicht im völligen Gegensatz) vom „Ernst", und andererseits „Spiel" als in sich abgeschlossener Vorgang, der im Zusammenhang steht mit dem Begriff der „Regeln", die ein jeweiliges Spiel regulieren (1993: 15).

Diese Eigenschaften treffen für die so genannten Gesellschaftsspiele, sowie Kinderspiele zu. Letztere finden jedoch auch Anwendung bei Sprachspielen im Sinn von Wittgenstein, wo es sich um den Gebrauch von Sprache in der Arbeit handelt (im Gegenteil zu den Situationen, in denen die Sprache ruht, wo durch Wortspiele und Sinnübertragungen Mehrsinnigkeiten entstehen). Die interlinguale Übersetzung fügt Wittgenstein in die Reihe der

---

35 Auch in Spielen ändern sich mit der Zeit die Regeln: was zuerst als Regelübertritt gilt, wird manchmal mit der Zeit in den Regelkanon aufgenommen. So kann das Innovative in der Übersetzungsprozedur zur Norm werden (Toury 1999)

Sprachspiele ein, zu denen u. a. auch Befehlen und Ausführen von Befehlen, Beschreibung der Gegenstände nach deren Aussehen, Herstellen der Gegenstände nach Beschreibung oder Bild, Theaterspiel, Hypothesenstellen und –verifizieren, Geschichtenerfinden und Lesen, Erschließen eines Rätsels, Scherzen und Erzählen von Witzen gehören. Bei Wittgenstein ist bei einem Spiel belanglos, ob es sich um eine „ernsthafte" Beschäftigung oder Unterhaltung handelt. Als Spiel wird – wie von Heibert ausgeführt – ein abgeschlossener Vorgang angesehen, der nach bestimmten Regeln ausgetragen wird. Die Unterscheidung zwischen Ernst und Unernst wird aufgehoben, weil das Geschehnis für die Zeit der Austragung von den Teilnehmern ernst genommen werden muss. Für Wittgenstein ist die Sprache Erzeugnis einer Gemeinschaft, das sich der Mensch durch Interaktion mit anderen Menschen aneignet. Die Aneignung einer Bedeutung ist mit Erfahrung verbaler Reaktionen anderer Menschen verbunden. Auch Sprachspiele stellen ein Element der jeweiligen Kultur dar. Dies bedeutet zugleich, dass Sprachspiele als Element sozialer Interaktion anzusehen sind. Sprachspiele umfassen die Ganzheit der Sprache und die Tätigkeiten, an die sie gekoppelt ist (Wittgenstein 1984: 241)

Die Übersetzung als Sprachspiel im Sinn von Wittgenstein gehört jeweils zu einem übergeordneten Gefüge eines anderen Spiels höheren Grades, das ihre Bestimmung determiniert. Letzteres ist eingebettet in der sozialen Interaktion und kann zum Beispiel die Form der Werbung, Propaganda, Aufklärung haben. Die Äquivalenz als Relation der Entsprechung zwischen Originaltransem und dessen Übersetzung ist mit einer Spielregel in dem übergeordneten Spiel relativiert und kann als Spielwert angesehen werden. Einen guten Übersetzer kennzeichnet gerade der zum Spiel gehörige Trieb, der ihm erlaubt, zwischen Ernst und Spaß zu balancieren, das Wesen des jeweiligen Spiels im zweifachen Sinn des Wortes zu realisieren.

Im vorausgehenden Kapitel wurde auf den dialogischen Charakter des Textes hingewiesen und die Aufgabe des Interpreten, sich auf ein „Gespräch" mit dem Text einzulassen. Das Spielerische eines solchen Gesprächs, in dem der Ernst der Herausforderung an die Komik der Situation grenzt, ist unübersehbar. Der Übersetzer ist sich in diesem Gespräch selbst ein Sokrates, der seinem Partner eine Wahrheit zu entreißen sucht, um diese mit dem übergeordneten Zweck abzustimmen, mit dem er sich als Spieler in diesem Spiel für die Dauer des Spiels identifiziert.

Zur Illustration des Spielwertes der Äquivalenz wird im Folgenden ein Beispiel aus Mitchells *Gone with the wind* angeführt. In der berühmten Szene aus dem 6. Kapitel überwindet sich die Hauptprotagonistin Scarlett zu einer offenen Aussprache mit Ashley, den sie leidenschaftlich liebt; sie hofft, dass er ihre Liebe erwidert, ihr seine Liebe erklärt und sie heiratet und das trotz Verlobung mit einer anderen. Die genannte Szene, die in der kognitiven Linguistik als Bild bezeichnet würde, ergibt eine kleine semantische Figur, die im Fortgang der Handlung zu mehreren großen beiträgt. Hier sind die Kernäußerungen der Szene, sowie deren polnische und deutsche Wiedergabe:

> ... I tell you I love you and I know you must care about me because" – she stopped. Never before had she seen so much misery in anyone's face. "Ashley, do you care- you do, don't you?" "Yes", he said dully. "I care". [...] "I'm going to marry Melanie" [...] "But you just said you cared for me." [...] My dear, must you make me say things that will hurt you? [...] Love isn't enough to make a successfull marriage when two people are as different as we are [...]. Somebody else had said that: "Like must marry like or there'll be no happiness" (1963: 102f.).

In der deutschen Wort-für-Wort-Übersetzung, in der lediglich die durch das Sprachsystem erzwungenen Transformationen vorgenommen wurden (Transposition) ergibt das:

> ... Ich sage Dir, ich liebe Dich, und ich weiß, ich muss dir etwas bedeuten, denn" – sie unterbrach. Nie zuvor hatte sie so viel Kummer im Gesicht von irgendjemand gesehen. „Ashley, bedeute ich dir etwas- ich bedeute dir etwas, nicht wahr?" „Ja", sagte er stumpf. "Du bedeutest mir etwas". [...] „Ich werde Melanie heiraten" [...]. „Aber du hast gerade gesagt, dass ich dir etwas bedeute." [...] Meine Liebe, musst Du mich zwingen, dir Dinge zu sagen, die dich verletzen wer-

den? [...] Liebe reicht nicht, um eine erfolgreiche Ehe zu machen, wenn zwei Menschen so unterschiedlich sind, wie wir [...]. Jemand anders hat das gesagt: „Gleich muss gleich heiraten, sonst wird es kein Glück geben".

Die polnische Übersetzung lautet wie folgt:

„... Mówię ci, że cię kocham, i wiem, że zależy ci na mojej miłości, bo... – Przerwała. Nigdy dotąd nie widziała takiego bólu w twarzy ludzkiej.- Ashleyu, prawda, że zależy ci na mojej miłości, powiedz? Tak, rzekł głucho. – Tak, Scarlett. [...] Żenię się z Melanią. [...] Ale powiedziałeś przed chwilą, że zależy ci na mojej miłości. [...] Miłość to nie dosyć, aby być w małżeństwie szczęśliwym, gdy dwoje ludzi tak się od siebie różni, jak ty i ja. [...] Ktoś już jej to kiedyś powiedział: Pobierać się ze sobą muszą ludzie podobni, bo inaczej nie ma szczęścia"(1988: 132f.).

In der deutschen Transposition:

... ich sage dir, dass ich dich liebe und ich weiß, dass dir meine Liebe etwas bedeutet, denn.... Sie unterbrach. Nie zuvor hatte sie solch einen Schmerz in einem menschlichen Gesicht gesehen. Ashley, stimmt es, dass dir meine Liebe etwas bedeutet, sage! Ja, sagte er stumpf. Ja, Scarlett. [...] Ich heirate Melanie. [...] Aber du hast vor einem Augenblick gesagt, dass dir meine Liebe etwas bedeutet [...]. Liebe ist nicht genug, um in der Ehe glücklich zu sein, wenn zwei Menschen sich so voneinander unterscheiden, wie du und ich. [...] Jemand anders hat es ihr mal bereits gesagt: Heiraten müssen Menschen, die einander ähnlich sind, denn sonst gibt es kein Glück".

In der veröffentlichten deutschen Übersetzung von Martin Beheim-Schwarzenbach wurde die obige Textstelle wiedergegeben wie folgt:

Ich sage dir, ich liebe dich, und ich weiß, auch du musst mich gern haben, weil...<<Sie hielt inne. Nie vorher hatte sie solches Elend in einem Gesicht gesehen. Ashley, du hast mich lieb... ja, nicht wahr?<<

>> Ja, sagte er dumpf, >> ich habe dich lieb.<< [...] Ich heirate Melanie.[...] >>Aber du hast doch gerade gesagt, du hättest mich gern.<<
>> Liebes, soll ich denn durchaus sagen, was dir weh tun muss?<<
>>Liebe genügt für eine glückliche Ehe nicht, wenn zwei Menschen so verschieden sind, wie wir beide.[...] Das hatte schon einmal jemand gesagt: >>Gleich muss sich mit gleich verheiraten, sonst gibt es keine glückliche Ehe" (108f.)

Eines der Schlüsselwörter des Originals ist das Verb *care*, wofür es im Deutschen, sowie im Polnischen jeweils mehrere Entsprechungen gibt, es drückt Interesse und Sorge, und somit das Gegenteil der Gleichgültigkeit aus. Weder das Lexikon noch die Pragmatik des englischen Sprachgebrauchs rücken die Bedeutung von *care* in den Bereich von *Liebe,* wie sie zwischen Mann und Frau erlebt wird. Sehr wohl aber umgekehrt: Mit *love* ist im Englischen nicht unbedingt das leidenschaftliche Gefühl gemeint, sondern möglicherweise bloß Mitgefühl, bzw. Sympathie.

Ashley bestätigt, dass ihm Scarlett – mit der er befreundet war – nicht gleichgültig ist. Er will nicht auf Liebe bauen und spricht von einer *erfolgreichen* (successfull), nicht von einer glücklichen Ehe (der andere, an dessen Worte sich Scarlett erinnert, war ihr Vater mit seiner Vorstellung von Eheglück). Der Traum von Scarlett kann nicht in Erfüllung gehen, weil der von ihr geliebte Mann sie nicht liebt und auch insgesamt nicht lieben kann.

Es ist klar, dass zwischen Original und Übersetzung keine Bedeutungsgleichheit besteht und dass nicht einmal auf der Wortebene eine semantische Äquivalenz verzeichnet werden kann. Da es sich um relativ einfaches, selbst in gängigen zweisprachigen Wörterbüchern aufgenommene Vokabular handelt, ist auszuschließen, dass die Übersetzer den Originaltext nicht verstehen, und es ist somit auch ausgeschlossen, dass sie an eine Äquivalenzbeziehung im herkömmlichen Sinn zwischen Vorlage und ihrer Wiedergabe glauben. Die Art und Weise, wie die Szene sprachlich rekonstruiert wird, scheint in beiden Fällen eindeutig das Ergebnis von Übersetzerentscheidungen zu sein.

Die beiden Übersetzer machen Scarletts Erwartung, von Ashley eine Liebeserklärung zu hören, explizit; plausibel ist sie bereits auf der psychologischen Ebene zwischenmenschlicher Beziehungen: ein verliebtes 16jähriges Mädchen will hören, dass es geliebt wird. Das Mädchen wird von den Übersetzern „gezwungen", noch einen Tick aggressiver und entschiedener um ihr Glück zu kämpfen als sie es auf Grund ihrer guten Erziehung fertig bringen kann. Die Übersetzer können offenbar der Versuchung nicht widerstehen, nachzuhelfen. Diese Entscheidung, wie ein Zug auf dem Spielbrett, rüttelt an dem Höhepunkt der Szene, der nicht mehr mit dem Konflikt zwischen Scarletts Liebe und Ashleys anstehender Hochzeit identisch ist, sondern er wird verschoben auf den Seelenkonflikt Ashleys.

Sowohl der polnische als auch der englische Leser bekommen im Endergebnis das Bild eines Ashley vermittelt, der sein Interesse an der Liebe von Scarlett in dem gleichen Atemzug bestätigt, in dem auch seine Heirat mir einer anderen verkündet. Er wird zu einem Mann stilisiert, der einem höheren Wert – dem Eheglück – das Gefühl untergeordneten Rangs, seine Liebe zu Scarlett opfert. Er und Scarletts Vater, von dem sie die Meinung zur Gleichheit der Ehepartner als Voraussetzung für das Eheglück gehört hat, scheinen von dem Gleichen zu sprechen, nämlich von einem persönlichen Glück, während sie im Original Verschiedenes meinen. Auf diese Art und Weise wird in der Übersetzung ein tragischer Knoten hergestellt, der in der Vorlage nicht enthalten ist.

Das Spielerische der Übersetzungsstrategie ist im Obigen an folgenden Stellen sichtbar:

- Eine Entscheidung (das Verb *care* als *Wert legen auf Liebe* bzw. *lieb haben* wiederzugeben) ist maßgebend für das ganze Bild der Beziehung zwischen den beiden Protagonisten.

- Der Ernst der Unternehmung – die Bemühung um das Erfassen des Wesens der Beziehung – ist durchsetzt mit einer hasardierenden Variation des Bedeutungsgefüges.

– Die Szene erscheint plausibel, d. h. sie verstößt nicht gegen die Vorstellung des polnischen und des englischen Lesers von dem Möglichen; insofern wird ihr Ernst bewahrt.

Mit dem anfangs angesprochenen Spielwert des Äquivalenzbegriffes meine ich eine Beziehung zwischen zwei Parallelstellen eines Textes, die durch den Charakter des übergeordneten Spiels determiniert ist, in dem die Übersetzung integriert ist. Das übergeordnete Spiel mag beispielsweise die Reproduktion eines Liebesromans, die Wiedergabe einer Versgedichts, die Nachahmung eines Werbeslogans, das Verständlichmachen einer Gebrauchsanweisung sein. All das sind Sprachspiele im Sinn von Wittgenstein, die nach Regeln ausgetragen werden, bei denen keine Missverständnisse vorkommen, weil die enge Verknüpfung an die Lebenspraxis für Klarheit sorgt.

Die Übersetzer scheinen das Spiel, das sie als Übersetzer mitmachen, als Reproduktion eines Liebesromans aufzufassen. In diesem Spiel gilt es, die Liebe zu exponieren, sie überall dort aufzuspüren, wo sie nur in irgendeiner Form schlummern mag. Ihre Wiedergabe der Schlüsselszene zwischen Scarlett und Ashley hat hohen Spielwert, denn auch ihre Fassung legt von anschließenden Romangeschehnissen erfolgreich Rechenschaft ab.

2.4. Die Übersetzung als Gesellschaftsauftrag

Die Übersetzertätigkeit wird in modernen Auffassungen im gesellschaftlichen Rahmen, als eine Art Auftrag betrachtet, wobei dem Übersetzer selbst der Status eines Auftrags-, und somit Arbeitnehmers zukommt (Vermeer, Holz-Mänttäri, Venuti). Aus der Perspektive marktwirtschaftlicher Realität, in der Arbeitsteilung, Konkurrenz und Rentabilität längst auch das Gebiet der Humanwissenschaften beherrscht haben, lässt sich dieser Zustand schwer übersehen. Der Auftrags- und Arbeitnehmer strebt fremd gesetzte Ziele an, tut es jedoch auf seine Art, mit anderen Worten: er identifiziert sich im Rahmen des Auftrags mit der fremden Zielsetzung, behält jedoch eine gewisse Freiheit der Ausführung. Diese Freiheit ist eingeschränkt durch die Rahmenbedingungen des Auftrags, die von dem intentionalen Auftraggeber festgelegt werden.

Der letztgenannte Begriff bedarf einer Erläuterung. Der konkrete Auftraggeber ist eine Person (eventuell eine Gruppe von Personen), die den Übersetzungsauftrag gibt; sie kann in ihrem eigenen Namen handeln, oder eine Institution vertreten. Auf Grund der Hinweise des konkreten Auftraggebers, die immer durch die eigenen Überlegungen ergänzt werden, entsteht im Bewusstsein des beauftragten Übersetzers eine Vorstellung von der Aufgabe, ein intentionaler Gegenstand im Sinn der Phänomenologie, der keinen vollendeten Charakter hat, sondern einem Umriss mit Leerstellen ähnelt. Dieses intentionale Bild des Auftrags bezeichne ich hier als intentionalen Auftraggeber.

Somit wird der Auftraggeber zu einer abstrakten Modellfigur, die sich aus einer Mehrzahl zusammenwirkender Kräfte zusammensetzt und kein bestimmtes Urbild in der sozialen Wirklichkeit hat, der sie entspringt. Hinzufügen ist jedoch, dass die Individualität des jeweiligen Übersetzers mit dessen persönlichen Erfahrungen, Wissen, Empfindlichkeit und Phantasie einen festen Bestandteil des intentionalen Auftraggebers in dem oben geschilderten Sinn ausmacht. Folgerichtig wird auch der Übersetzer in der vorliegenden Untersuchung zu einer abstrakten Modellfigur erweitert und stellt eine Summe der individuellen Entscheidungskräfte der agierenden Person und aller sonstigen Einflüsse dar, die das Finalergebnis der übersetzerischen Arbeit mitbestimmt haben.

2.4.1. Die Skopostheorie entgegen die Manipulation

Mit dem Terminus *skopos,* der aus dem Griechischen stammt, meint Vermeer das Ziel der Übersetzung, das sich aus dem Charakter des jeweiligen Auftrags ergibt und das entscheidenden Einfluss auf die gesamte Übersetzungsstrategie, sowie auf die einzelnen Entscheidungen des Übersetzers ausübt. Außer dem eigentlichen Skopos als Hauptziel der Übersetzung unterscheidet Vermeer auch Unterskopoi – Nebenziele, die mit dem Hauptziel vereinbar sind. Dies ist ein Verständnis der Übersetzung im Sinne der

Handlungstheorie, nach der eine Reihe von Einzelunternehmungen logisch auf ein übergeordnetes Ziel hin angelegt wird, wobei gleichzeitig auch Nebenziele wahrgenommen werden können. Vermeer beruft sich auf diejenige Auffassung von Handlung, nach der

> jemand, der in einem gegebenen Fall behauptet, es liege eine Handlung vor, (potentiell) begründen können muss, weshalb der Handelnde sich gerade so verhält, wie er sich verhält, obgleich er sich auch hätte anders verhalten können (Vermeer 1983: 75).

Das Konzept von Vermeer ist somit in erster Linie als Erklärungsmodell zu verstehen, indem es einen Rahmen für das Erschließen, Nachvollziehen und Begründen der Übersetzerentscheidungen bietet. Zum handlungsartigen Charakter der Übersetzung führt Vermeer aus:

> Eine Translation ist nicht die Transkodierung von Wörtern oder Sätzen aus einer Sprache in eine andere, sondern eine komplexe Handlung, in der jemand unter neuen funktionalen und kulturellen und sprachlichen Bedingungen in einer neuen Situation über einen Text (Ausgangssachverhalt) berichtet, indem er ihn auch formal möglichst nachahmt (1986: 33).

Wie der hermeneutische Zirkel einen Weg zum Textverstehen weist, der über das Verstehen der Autorenentscheidungen führt, so entwirft die Skopostheorie ein Modell, in dem die Übersetzung als Finalprodukt der Entscheidungen aufzufassen ist, die sich aus dem Ziel heraus verstehen und begründen lassen. Folgerichtig wäre auch ein Werk in übersetzter Fassung als Gesamtheit von übersetzerischen Entscheidungen zu definieren, die jeweils im Hinblick auf das Oberziel der übersetzerischen Handlung getroffen werden. Ein wesentlicher Beitrag Vermeers zur Erforschung des Wesens der Übersetzung ist die Erkenntnis der Nichtidentität des *Skopos* des Originals und des *Skopos* der Übersetzung. Aus dieser Nichtidentität lassen sich übersetzerische Strategien und Schritte herleiten, die im Dienst des Sekundärskopos – des Ziels der Übersetzung – stehen.

Vermeer selbst wehrt sich heftig gegen den Vorwurf, durch sein Konzept übersetzerischen Missbrauch des Urtextes, dessen Manipulation im gewöhnlichen Wortsinn zu sanktionieren; dieser Vorwurf konnte leicht formuliert werden, wenn man vom Erklärungscharakter des Modells absieht, wodurch das Konzept zu einem unhaltbaren Imperativ verabsolutiert wird. Die imperative Dimension, nämlich die Aufforderung des Übersetzers, sich in seiner Tätigkeit dem durch den Auftraggeber bestimmten Ziel zu unterwerfen, ist in Vermeers Schriften nicht präsent. Als Erklärungsmodell ermöglicht die Skopostheorie die Herstellung von Taxonomien für Forschungs- und didaktische Zwecke; dabei werden diversen auftragsabhängigen Zielen kategorisierte und schematisierte Lösungen zugeordnet.

2.4.2. Die Übersetzung als Kulturtransfer

Der kulturelle und linguistische Relativismus von Sapir und Whorf bewegt sich im Grunde innerhalb der von Wittgenstein umrissenen Möglichkeiten und Grenzen der Sprache. Während nach Wittgenstein die Grenzen einer Sprache mit den Grenzen einer Welt zusammenfallen, wird nach Sapir/Whorf die transzendente Wirklichkeit erst durch die Sprache und nur durch die Sprache – und zwar nach den kategorialen Paradigmen einer konkreten, nämlich der Muttersprache des Betrachters – in seinem Bewusstsein geordnet. In beiden Fällen handelt es sich um eine intentionale Welt als Abbild der transzendenten Wirklichkeit als Kantsches „Ding an sich" im Bewusstsein des Erkenntnissubjekts.

Nicht von ungefähr kommt nach Humboldt der Geist einer Nation in deren Sprache zum Ausdruck: auch hier ist die Sprache als Wahrnehmungs- und Ordnungsprinzip gemeint und eine Nation kann durch Umkehrung dieser Definition als eine Sprachgemeinschaft aufgefasst werden, eine Gemeinschaft in Bezug auf eine einheitliche Perspektive der Betrachtung und Auswertung der umgebenden Realität. In diesem Sinne gelangt der Mensch – nach Heidegger – durch die Sprache zur Selbsterkenntnis und zum Verstehen seiner ontologischen Bestimmung.

In allen genannten Konzeptionen ist mit Sprache die jeweilige Muttersprache gemeint, die nach Weisgerber als entscheidender Faktor bei der Identitätsprägung mitwirkt, indem sie für das Individuum die Rolle seiner Denksprache übernimmt. Die Identität des Menschen wird somit auf dessen Art zu denken zurückgeführt, die mir der Struktur der jeweiligen Sprache maßgebend geprägt, wenn auch nicht total determiniert ist. Folgerichtig stellt eine bestimmte Sprachkultur eine homogene intentionale Fixierung der transzendenten Wirklichkeit dar, die in ihrer Gesamtstruktur genauso einmalig ist, wie das Erfassungsmedium der jeweiligen Sprache.

Ein Sprachwerk entwächst zwei relevanten generativen Faktoren: einer bestimmten Sprachkultur seines Entstehungsgebiets und der Denkart seines Schöpfers, wobei die beiden Faktoren in ihrer Form einmalig sind. Daraus ergibt sich unmittelbar die These von der *epistemologischen Unübersetzbarkeit* des Sprachwerkes, die jedoch am pragmatischen Aspekt der Übersetzung nicht rüttelt. Vor dem Hintergrund seiner generativen Faktoren ist das Sprachwerk als Manifest einer Sprachkultur zu verstehen, die auf individuelle, dem Schöpfer eigene Art verarbeitet und dargeboten wurde. In diesem Sinn wird die Übersetzung eines Sprachwerks als kultureller Transfer aufgefasst, als Überführung gewählter Faktoren einer Kultur in eine andere Kultur. Vermeer sieht das Translat mit Recht als Element der Zielkultur an und betont dessen enge Verknüpfung mit der letzteren (1986: 34). Die Übersetzung ist für ihn

> immer auch ein transkultureller Transfer, die möglichste Lösung eines Phänomens aus seinen alten kulturellen Verknüpfungen und seine Einpflanzung in zielkulturelle Verknüpfungen (1986: 34).

Der in der Übersetzungstheorie eingebürgerte Begriff der *Zielkultur* (engl. *target culture*) meint bekanntlich die Kultur des zielsprachigen Raums und stellt den Gegenpart zur *Ausgangskultur* (engl. *source culture*) als Kultur des ausgangssprachigen Raums. Der Terminus *Zielkultur* ist m. E. sprachimmanent durch Expansionscharakter des Lexems *Ziel* (englisch: *target*) belastet. Das Ziel determiniert die Handlung (und nach einem bekannten Spruch heiligt er auch die Mittel), die nach Eroberung ausgerichtet ist. Aus diesem Grund werde ich mich im Folgenden auch des Begriffs der *Gastkultur* bedienen, der in meiner Empfindung besser den Rahmen wiedergibt, in dem eine literarische Übersetzung funktioniert. Der Begriff der *Gastkultur* ist eine kompositorische Parallele zu Nominalbildungen wie Gastgeber, Gaststudent, Gastvorlesung und vereinigt die Komponenten der Freundlichkeit und des Fremden, der besonderen Rechte auf der einen, der eingeschränkten Rechte auf der anderen Seite. Das Derivat *Gastkultur* scheint geräumig genug zu sein für alle möglichen Aspekte des Status eines übersetzten Werks: Freude, Überraschung, Profit, Lehre, Duldung, Lästigkeit, Kontroverse.

Den Begriff der *Gastkultur* möchte ich für literarische Übersetzungen er Einteilung von Reiß, deren Bestimmung vorbehalten und ihn somit unter dem Dachbegriff der Zielkultur unterbringen. Es ist nämlich nicht nur literarische Übersetzung, die kulturellen Transfercharakter hat: Vermeer bedient sich des Beispiels eines juristischen Textes (1986: 34), Reiß und Holz-Mänttäri führen Beispiele aus der Werbung an. In beiden Fällen handelt es sich um operative Texte im Sinne direkte Beeinflussung des Empfängerverhaltens ist. Bei derartigen nichtliterarischen Texten, die das sozial eingebettete Handeln betreffen, mutet die aggressive Konnotation des Terminus *Zielkultur* nicht störerisch an: die Zielsetzung der Texte selbst erscheint nämlich genauso aggressiv. Nicht von ungefähr versteht sich die Werbung als Bestandteil der *Eroberungs*strategien der Märkte. Ein Wesensmerkmal operativer Texte, die sie von literarischen unterscheidet, ist deren Aufgabe, konkrete Probleme in realer Zeit zu lösen. Diese Aufgabe kann auch erfüllt werden, indem der Text die Gastrechte missachtet und verletzt. Anders ein literarischer Text, der Beherbergung auf Dauer sucht, dessen Zielsetzung unklar und die Botschaft verhüllt ist. Aus der obigen Definition Vermeers geht nicht deutlich genug hervor, was er mit *Phänomen* meint, das im Akt des kulturellen Transfers umgesetzt wird: ob es sich um das Gesamtphänomen des Sprachwerks handelt, oder – was vor dem Hintergrund seiner Ausführungen eher wahrscheinlich vorkommt – um ein Element der Sprachkultur, das in sprachlich neu fixierter Form wiedergegeben wird.

2.4.3. Die Übersetzung als normgesteuerte Aktivität

Die Schule der Deskriptiven Translationsstudien (Descriptive Translation Studies) betont die Normorientiertheit des Übersetzungsprozesses, der jeweils geschichtlich und sozial eingebettet ist. Die Normen, nach denen Texte für Übersetzungszwecke selektiert werden, sowie diejenigen, nach denen die Übersetzer ihre Entscheidungen treffen, stellen demnach Variablen dar, die Gegenstand wissenschaftlicher Untersuchungen par excellence sein können; Toury hat eine Methode der Untersuchung dieser Variablen vorgelegt (1995). Er unterscheidet zwischen *Initialnormen* (initial norms), *Präliminarnormen* (preliminary norms) und *Operationalnormen* (operative norms).

Mit Initialnormen sind Adäquatheit und Akzeptabilität gemeint, zwischen denen der Übersetzer generell wählen, sich jedoch nicht für eine jede Entscheidung im Einzelnen festlegen muss.[36]

Unter Preliminarnormen versteht Toury Faktoren, auf die der Übersetzer als Individuum kaum einen Einfluss hat, und die zum großen Teil mit Übersetzungspolitik eines Landes identisch sind. Es handelt sich um Entscheidungen, welche Texte und aus welchen Sprachen übersetzt werden sollen, ob nur ein Original oder auch eine andere Übersetzung als Grundlage herangezogen werden dürfen.

Die Operationalnormen sind konkrete Entscheidungen, die der Übersetzer im Laufe seiner Arbeit trifft.

Das methodologische Postulat von Toury besagt, dass die obigen Normen im Rahmen wissenschaftlicher Forschungen in Bezug auf eine bestimmte Epoche, ein Land, einen konkreten Übersetzer bzw. eine Übersetzungs-

---

36 Unter Adäquatheit versteht hier Toury – in Anlehnung an Even-Zohar – die Beibehaltung in der Übersetzung der Regeln des ausgangssprachigen Sprachsystems, bis auf die vom zielsprachigen System erzwungenen Transformationen (Toury 1995: 56). Die Akzeptabilität meint eine zielkulturkonforme, durch eindeutigen Korrespondenzcharakter zwischen Original und Übersetzung begründete, Annehmbarkeit.

schule herausgefunden werden sollten, wobei auch ihre Herleitung aus bestimmten Quellen anzustreben ist. Die Quellen können textuellen oder außertextuellen Charakter haben und umfassen die jeweiligen Determinanten, auf die übersetzerische Normen zurückgeführt werden. Die Arbeitsmethode müsste komparativ und induktiv sein und – je nach Schwerpunkt – umfangreiche Studien voraussetzen: zu textuellen Bezügen des übersetzten Textes, also zum Schrifttum, zu dem er gehört, oder zu außertextuellen Bezügen dieses Texts, also zu dessen Begleitumständen sozialer, politischer, psychologischer Provenienz. Vor diesem Hintergrund ist es meines Erachtens sinnvoll, zwei Übersetzungen auf einmal zu untersuchen: dabei machen sich nämlich im Bereich der Normen automatisch Kontraste bemerkbar, die aus der Verschiedenheit der generierenden Faktoren resultieren und die These von der sprachkulturellen Bedingtheit der Übersetzerarbeit bestätigen.

Der Anspruch der Deskriptiven Translationsstudien auf Wissenschaftsstatus ist daraus zu begründen, dass es sich um ein systematisches methodologisches Vorgehen handelt, das mit Herstellung von Taxonomien gekrönt werden soll, die Erklärungswert besitzen. Die Taxonomien ordnen einem bestimmten Faktor aus den textuellen oder außertextuellen Bezügen des Textes ein bestimmtes translatorisches Verhalten zu, das mit der Entscheidung des Übersetzers identisch ist. Mit anderen Worten: Die einzelnen Übersetzerentscheidungen werden kategorisiert und erklärt. Der hypothetische Charakter der Erklärung gehört mit zum Rahmen einer Wissenschaft.

2.5. Besonderheiten der künstlerischen Übersetzung

Der künstlerischen Übersetzung – auch ästhetisch oder literarisch genannt – wird in der Übersetzungstheorie eine Sonderstelle zugesprochen. In der Einteilung von Jumpelt (1961: 25) und Stolze (1984) stellt sie eine separate Sparte dar, angereiht an die religiöse, pragmatische, ethnographische, sprachwissenschaftliche und geisteswissenschaftliche Übersetzung. Die

Textsortenspezifik der originellen Textproduktion findet eine Parallele im Übersetzungsverfahren. Für den Forschungszweig, der sich mit künstlerischer Übersetzung beschäftigt, wurde der Name Translatologie vorgeschlagen (Krysztofiak 1999). Das Besondere eines literarischen Textes liegt in seiner Abbildungsfunktion gegenüber einer Wirklichkeit; diese Funktion wird durch Aneinanderreihung sprachlicher Repräsentationen und Unbestimmtheitsstellen (Leerstellen) erfüllt. Das Vorhandensein der Leerstellen – ein Charakteristikum des literarischen Werkes von Rang – verringert den Grad der Referentialität des Textes und multipliziert dadurch den Schwierigkeitsgrad der Übersetzeraufgabe.

Im Folgenden werden zwei Theorien der literarischen Übersetzung gegenübergestellt. Sie weisen einen gemeinsamen Nenner auf, indem sie auf Schleiermachers Dilemma zurückzuführen sind: den Leser auf den Text zu, oder den Text auf den Leser zu bewegen zu wollen.

2.5.1. Reproduktion versus Manipulation

2.5.1.1. Das Reproduktionskonzept von Jiri Levy

In seinem Buch *Die literarische Übersetzung*, das mittlerweile zu den meist zitierten Titeln der übersetzungstheoretischen Fachliteratur gehört, nennt Jiri Levy zwei Konzeptionen der Übersetzung, die der oben erwähnten Zweiteilung von Schleiermacher entsprechen: Illusionismus und Antiillusionismus.

> Der illusionistische Übersetzer verbirgt sich hinter dem Original, das er gleichsam ohne Mittler dem Leser mit dem Ziel vorlegt, bei ihm eine übersetzerische Illusion zu wecken, die Illusion nämlich, dass er die Vorlage lese (1969: 31).

Hier geht es darum, Verfremdungseffekten vorzubeugen, die durch Differenzen der beiden Sprach- und Kultursysteme einem unbedachten, als bloße Umkodierung durchgeführten Übersetzungsprozess notwendigerweise entspringen müssten.

In die antiillusionistische Methode sind solche Verfremdungseffekte eingeschrieben:

> Auch der Übersetzer kann von der übersetzerischen Illusion abschweifen, indem er seinen Beobachterstandpunkt enthüllt, nicht ein Originalwerk vortäuscht, sondern es kommentiert, bzw. indem er den Leser mit persönlichen und aktuellen Anspielungen ‚anspricht'" (1969: 32).

Levy selbst bietet in seinem Werk die Konzeption einer illusionistischen Übersetzungsmethode. Die Übersetzungstätigkeit wird als schöpferische Reproduktion des Originals aufgefasst:

> Das Ziel der Übersetzerarbeit ist es, das Originalwerk (dessen Mitteilung) zu erhalten, zu erfassen und zu vermitteln, keinesfalls aber, ein neues Werk zu schaffen, das keinen Vorgänger hat; das Ziel der Übersetzung ist reproduktiv. Das Arbeitsverfahren dieser Kunst besteht darin, dass ein Sprachmaterial (Code) durch ein anderes ersetzt wird und folglich alle aus der Sprache hervorgehenden Kunstmittel selbständig gestaltet werden. Der Sprachbereich, in dem sich dieser Vorgang abspielt, ist also original schöpferisch. Die Übersetzung als Werk ist eine künstlerische Reproduktion, das Übersetzen als Vorgang ein originales Schaffen (1969: 66).

Aus dieser Formulierung geht hervor, dass der originale schöpferische Beitrag des Übersetzers zur Entstehung der Sekundärfassung des Werkes in der Stilistik begründet ist.

Die polnische Übersetzerin des Romans *Homo Faber* von Max Frisch, Irena Krzywicka, schickt dem eigentlichen Übersetzungstext ein Fragment des Briefes voraus, den sie vom Autor bekommen hat. Frisch schreibt:

> Sie arbeiten an Homo Faber – meine Hochachtung, Madame, weil ich auf Grund der englischen und französischen Übersetzung weiß, wie schwer diese Arbeit ist, wenn man den Stil von Faber nicht verfehlen will. Ohne Eigenartigkeit dieses Stils (ich brauche ihnen nicht erklä-

ren, wie viel hier der Rhythmus, die Spannung, die Strenge, die Grobheit bedeuten, und dass es kein „guter Stil" ist; das Vokabular von Faber ist arm und banal, so wie ein Ingenieur schreiben kann, die Umwandlung der Banalität in Poesie ergibt sich ausschließlich aus dem unbewussten Rhythmus; durch seine Ausdrucksweise drückt Faber mehr aus, als er selbst glaubt, erlebt mehr, als er sich wünschen würde, die eigenen Worte entlarven ihn, usw.) ... Ohne Wiedergabe dieses Stils würde das Buch banal und reportageartig. An bisherigen Übersetzungen sieht man, wie wichtig es ist, dass der Übersetzer sogar die Fehler des Originals nicht meidet, die Sätze nicht abrundet, sich an die stereotypen Ausdrücke hält; Faber will nicht poetisch sein, sein Bericht ist ein Stenogramm, das ohne sein Wissen, angesichts des Todes, immer mehr Poesie wird (Havanna usw.). Man sollte nicht den Eindruck haben, dass Faber Literat sei; er kennt literarische Symbole gar nicht; er macht Notizen in der Umgangssprache, in einem Berichtstil.[37]

Die angemessene Stilistik der Übersetzung ist nach der oben zitierten Aussage von Max Frisch aus dem Verhältnis zwischen Originalwerk und seiner Sekundärfassung zu beurteilen. Diese Meinungsäußerung des Schriftstellers legitimiert auch diejenigen Studien zur literarischen Übersetzung, die den Stil als eigentliches Identifikationszeichen des Werkes ansehen.

2.5.1.2. Das Manipulistenprogramm von Theo Hermans

In seiner Programmschrift der Manipulistengruppe *Translation Studies and a New Paradigm* wendet sich Theo Hermans gegen diejenige Orientierung der Übersetzungsstudien, die an *eine transzendentale und utopische Konzeption der Übersetzung als Reproduktion von Original, dem ganzen Original und nichts anderem als Original* glaubt (1985: 9). Ursprünge dieser Huldigung dem Reproduktionismus gegenüber sieht Hermans in dem ro-

---

37 Max Frisch, Homo Faber, übersetzt von Irena Krzywicka, Warszawa 1973, Übersetzung L.W.

mantischen Geniekult und dem Verständnis des Literaturproduktes als einmaligem, einzigartigen, unübertrefflichen Ausdruck der kreativen Genialität des Originalschöpfers.

Unter solchen Umständen muss jeglicher Versuch, an einem literarischen Text durch dessen Wiedergabe in einer anderen Sprache zu rütteln, als wahnsinnige und kaum zulässige Unternehmung abgeurteilt werden, von Anfang an verflucht und ist – im besten Fall – in den Kategorien von relativer Treue oder – im schlimmsten Fall – als einfaches Sakrilegium anzusehen (1985: 7f.).

Unmittelbare Folgen der reproduktionistischen Sicht der Übersetzung sind nach Hermans die Verkennung des Stellenwertes der Übersetzung für die Geschichte der Weltliteratur (die jeder, auch hoch gebildete Mensch, zum überwiegenden Teil durch Übersetzungen kennt), sowie die Reduzierung der Übersetzungsstudien zu Vergleichanalysen zwischen Original und dessen Translat mit dem Schwerpunkt der Fehlerjagd.

Hermans unterbreitet das alternative Programm, das auf einer neuen Sicht der Literatur baut. Die Gruppe der Forscher, die er vertritt (u. a. Bassnett, Van den Broeck, Lefevre, Toury, van Gorp, Lambert) wird vorgestellt wie folgt:

> Was sie verbindet ist, in Kürze, eine Sicht der Literatur als komplexes und dynamisches System; eine Überzeugung, dass ein kontinuierliches Wechselspiel zwischen theoretischen Modellen und praktischen Fallstudien stattfinden sollte; eine Untersuchungsmethode der literarischen Übersetzung, die deskriptiv, zielorientiert, funktional und systemisch sein sollte, und ein Interesse an den Normen und Einschränkungen der Übersetzungsproduktion und -rezeption, am Verhältnis der Übersetzung zu anderen Typen von Textherstellung, und am Stellenwert und der Rolle der Übersetzung sowohl innerhalb der betreffenden Literatur als auch im Austausch mit anderen Literaturen (1985: 10f, Übersetzung L. W.).

In diesem Zusammenhang verwendet Hermans zum ersten Mal den Terminus *Manipulation,* aus dem die spätere Bezeichnung der Gruppenangehörigen als Manipulisten entstand: *Vom Gesichtspunkt der Zielliteratur impliziert jegliche Übersetzung einen Grad der Manipulation des Ausgangstextes für einen bestimmten Zweck* (1985: 11). Die Forschungsaufgabe kann und soll sich dementsprechend zum Ziel setzen, den Grad und die Form dieser unabdingbaren Manipulation des Textes zu untersuchen und deskriptiv erfassen. Deskriptiv statt präskriptiv vorgehen heißt das Programm der Deskriptiven Translationsstudien, die sich somit epistemologisch statt ontologisch definieren.

3. BEGRIFFSBESTIMMUNG UND METHODE

Die Übersetzungstheorie verfügt nicht über ein finites, klar umrissenes Volumen von Fachtermini. Wie bereits beim Thema der Äquivalenz gezeigt, werden Begriffe von einzelnen Wissenschaftlern oft neu profiliert oder definiert. Für die Zwecke der vorliegenden Untersuchung wird die Schlüsselterminologie überprüft und die neu geprägten Begriffe werden definiert. Die aus der Literaturtheorie übernommenen Termini werden im Folgenden eingeführt und vorgestellt.

3.1. Ein Werk in Parallelfassung versus Übersetzung

Der Begriff der Übersetzung ist insofern zweideutig, als damit sowohl die übersetzerische Tätigkeit, aber auch deren Produkt gemeint sein können. Unter übersetzerische Tätigkeit mag wiederum die Unternehmung eines sprachkundigen Laien (als solche wird sie als Methode in der Hirnforschung benutzt), als auch diejenigen eines Profis fallen. Als Produkt kommt sowohl ein Ergebnis, als auch das Finalergebnis dieser Tätigkeit in Frage, sowohl die Wiedergabe eines einzelnen Worts, als auch eines ganzen Textes, sowohl eine philologische Wort-für-Wort-Übersetzung, als auch – um mit Jakobson zu sprechen – eine sinngemäße Transposition. Um Missverständnisse auszuschließen gilt es, den Gegenstand der vorliegenden Untersuchung eindeutig einzuschränken.

Die Übersetzung künstlerischer Texte wird in der letzten Zeit oft – um den kategorialen Qualitätsunterschied zu nicht künstlerischer Übersetzung hervorzuheben – zum Untersuchungsgegenstand der *Translatologie* erklärt (Krystofiak 1999: 7). Bei manchen Autoren ist *Translation* bloß als Synonym der Übersetzung zu finden; in diesem Sinne bezeichnen Kade, Albrecht und Neubert ihre Disziplin als *Translationslinguistik*. Der Terminus

Translation wird auch – wie bei Vermeer – als Dachbegriff für Übersetzen und Dolmetschen definiert (1986: 31). Witte weist jedoch darauf hin, dass der Begriff *Translation* den transkulturellen Charakter des Kommunikationsprozesses akzentuiert, der sich im Fall von Übersetzung vollzieht, was von dem Übersetzer – der als *Translator* bezeichnet wird – bilinguale Kulturkompetenz erfordert. Dieses Verständnis des Begriffs *Translation* beschränkt ihn allerdings nicht auf künstlerische Texte, sondern meint vielmehr einen Aspekt des Übersetzungsprozesses, der nach der Meinung der Autorin in der Forschung zugunsten der linguistischen Textdimension zurückgesetzt wurde. Von dieser Unterscheidung wird hier abgesehen und die beiden Begriffe erscheinen demnächst unten als Synonyme, und zwar aus drei Gründen.

Zum ersten wird im Folgenden ausschließlich literarische Übersetzung, ohne Anspruch auf deren neue Definition, behandelt. Insofern besteht keine Gefahr der Verwechslung unterschiedlicher Übersetzungsarten.

Zum zweiten berechtigt uns m. E. die Eigenart literarischer Übersetzung zwar dazu, sie gegen andere Übersetzungsarten abzuheben, nicht aber dazu, den anderen durch den Zusammenschluss unter dem gemeinsamen Dachbegriff der Übersetzung jeweils ihre Eigenart abzusprechen. Sonst müsste wohl auch ein separater Begriff für die Übersetzung von Fachtexten, von umgangssprachigen Texten usw. geprägt werden, was zu einem terminologischen Durcheinander führen würde. Schon Komissarov warnt vor *einer Überbetonung der Unterschiede zwischen dem Übersetzen verschiedener Typen von Texten* (1977: 45); die begriffliche Auseinanderhaltung der *Translation* als künstlerische Übersetzung und Übersetzung schlechthin würde im Dienst dieser Überbetonung stehen. Zum dritten ist der Terminus *Translation* selbst ein Translat, ein aus dem englischen Sprachgebrauch importiertes Fremdwort, dessen Ausspielen gegen den deutschen Begriff Übersetzung die internationale und transkulturelle Kommunikation unter Fachleuten erschwert.

Für eine Übersetzung, in der die Schichtstruktur des literarischen Werks, wie sie Ingarden aus der Perspektive der Phänomenologie beschrieben hat (1980: 53ff.), erfasst werden soll, die sich somit als Erzeugnis übersetzerischen *und* poetischen Könnens des Autors der Kritik stellt, führe ich den Terminus einer *Parallelfassung des Werkes* ein, der auch in gekürzter Form als *Parallelfassung* verwendet wird. Dieser Begriff erweist sich meines Erachtens doppelt nützlich. Auf der einen Seite gibt er Rechenschaft von der Parallelexistenz des Originals und dessen Übersetzungen ab; das Original wird durch seine Übersetzung weder ersetzt noch aufgehoben, es besteht und wirkt meistens parallel dazu. Gleichzeitig spiegelt der Begriff Parallelfassung die serielle Struktur des Originaltextes und dessen Übersetzung wieder, in der die gegenseitige Zuordnung der so genannten Parallelstellen möglich ist.

3.2. Große und kleine semantische Figuren

3.2.1. Die Figur und der Grund

Die Gegenüberstellung von Figur und Grund stammt aus der Gestaltpsychologie; die beiden Begriffe bezeichnen die Organisation des Wahrnehmungsprozesses durch ein Auswahlverfahren, in dem Unmengen von Impulsen sortiert werden und Bedeutungsträger ergeben.

> Durch dieses Auswahlverfahren wird das Gehirn nicht von zu vielen Information überschwemmt, es kann sich auf bestimmte Aspekte der erhaltenen Botschaften konzentrieren und andere dafür vernachlässigen (Hawthorn 1994: 97).

Mit Figur ist dabei die zu einem Bedeutungsganzen organisierte Einheit gemeint, der Bedeutsamkeit zugeschrieben wird, während die weniger beachteten, als zweitrangig qualifizierten Details den Grund bilden. Die Begriffe, Vorstellungen und Ideen des Betrachters fungieren auf zweifache Art und Weise als Kriterien im Auswahlverfahren, dessen Produkt eine Figur ist. Die Figur wird nämlich oft bloß wieder erkannt, indem Bekanntes wahrgenommen, Unbekanntes ignoriert wird. Auf der anderen Seite gehört es zur Natur des Perzeptionsprozesses, dass man Vertrautes automatisch eher dem Hintergrund zuordnet, während Unbekanntes, als Figur qualifiziert, in den Vordergrund tritt (Tabakowska 1993: 47). Jedoch muss sich dabei das Unbekannte deutlich genug von seiner Umgebung abheben.

Auch der Rezeptionsprozess eines literarischen Werkes, der sich vor allem im Leseakt vollzieht, verläuft nach dem Prinzip der Unterscheidung zwischen Figur und Grund. Die Verfremdungseffekte der modernen Literatur bauen auf der oben erwähnten Natur des Wahrnehmungsprozesses, die dem fremden Element in entsprechender Verpackung die Rolle einer Figur verleiht. Die Verteilung der Akzente durch den Wortlaut des Werkes erfolgt im Prozess der Konstruktion der dargestellten Welt. Die Neuverteilung der Akzente wird von dem Leser vorgenommen, der dem Werk mit der ganzen Fülle seiner Persönlichkeit begegnet.

Die experimentelle Psychologie hat gezeigt, dass, obwohl bis zu einem gewissen Grad angeborene Neigungen für Figur-Grund-Unterscheidungen verantwortlich sind, auch persönliche und kulturelle Erfahrungen, Motivationen sowie unterschiedliche Bedürfnisse wichtige Faktoren sind. Mit der Veränderung des persönlichen Hintergrunds und der Erfahrungen des Lesers verändert sich auch die Art und Weise, wie er zwischen Figur und Grund unterscheidet (Hawthorn 1994: 98).

Tabakowska, die sich auf das Konzept der Grammatik als Bilder (grammar as imagery) von Langacker beruft, nennt vier Dimensionen der Bilder (imagery), die Szenen, Situationen und Konfigurationen determinieren: Selektion, Abstraktion, Perspektive, sowie relative Abhebung und Figur-Grund-Abstimmung (1993: 32ff.).

Mit *Selektion* ist die Wortwahl gemeint. Die Entscheidung zwischen mehreren synonymischen Ausdrücken determiniert ein bestimmtes Bild, das auf Grund der Zugehörigkeit des gewählten Ausdrucks zu einer konkreten etymologischen Wortfamilie im Bewusstsein des Rezipienten entsteht.

> Als Basisdimension der Abbildung betrifft Selektion die vom Subjekt der Konzeptualisierung getroffene Anfangswahl der kognitiven Struktur (der kognitiven Strukturen) oder Domänen, die das Bild konstituieren. Es ist die Dimension, die sich darauf bezieht, das traditio-

nell als ‚semantische Synonymität' bezeichnet wurde. [...] Ein Ausdruck, insbesondere eine einzelne lexikalische Einheit, spricht eine Anzahl Domänen an, die sich hinsichtlich ihrer relativen Abhebung innerhalb eines Allgemeinbegriffs unterscheiden" (Tabakowska 1993: 33, Übersetzung L. W.).

In diesem Sinne eröffnet die Selektion ein Konnotationsfeld als Betrachtungshorizont, der den Rahmen der möglichen Interpretation ergibt. Die Selektion bestimmt somit den Bereich, in dem sich der interpretatorische Gedanke bewegt.

Mit *Abstraktion* ist die Entfernung eines Schemas von dessen verwendeter individuellen Exemplifizierung gemeint, mit anderen Worten: das Verhältnis zwischen Dachbegriff und dessen Konkretisierung. *Abstraktionen beeinflussen ein Bild durch die Festlegung des Feinheitslevels, d.h. den Präzisions- und Detailliertheitsgrad des entstehenden Bildes* (Tabakowska 1993: 38, Übersetzung L. W.).

Der Begriff der *Perspektive* meint den Blickwinkel bzw. einen besonderen Standpunkt des Betrachters. Sie umfasst mentalen Transfer – die Übernahme der Perspektive des Kommunikatempfängers durch den Sender – sowie die graduierbaren Formen der Subjektivation und Objektivation der Darstellung, wobei der Übergang von „Subjektivation" zur „Objektivation" flüssig ist. Das Individuum als Träger der Konzeptualisierung wird nämlich zum Objekt der eigenen Beobachtung (Tabakowska 1993: 43).

Relatives Hervorspringen (saliance) meint die Hervorhebung bestimmter Eigenschaften im Vergleich zu den anderen; sie kann u. a. durch Wortwahl, Profilierung (nähere Bestimmung) oder syntaktische Einordnung des elementaren Ausdrucks erreicht werden. Relative Abhebung als stilistisches Mittel der Figurkonstruktion fungiert gleichzeitig als Instrument der Rekonstruktion der Figur in Bezug auf den Grund im Rezeptionsakt (Tabakowska 1993: 47).

Das Zusammenspiel der oben genannten Elemente ergibt die Bilder (imagery). Die Aufgabe des Übersetzers besteht demnach darin, die Aufbaukomponenten des Bildes in ihrem originalen Verhältnis zu erfassen und nachzumachen. Dabei ist selbstverständlich, dass die Übersetzung des Werkes in eine andere Sprache das ursprüngliche Zusammenspiel nicht genau imitieren kann. An der *Selektion* wird gerüttelt, indem die potentiellen Äquivalente des zielsprachigen Vokabulars andere Konnotationen generieren als der Originalwortschatz. Die *Abstraktion* wird durch Übersetzungstechniken wie Spezifizierung und Generalisierung (zusammengefasst unter dem Dachbegriff der Modifikation) modifiziert. *Das relative Hervorspringen* – in seinem Charakter relativ, denn auf andere Eigenschaften bezogen – geht oft durch das Fehlen der Eins-zu-Eins-Äquivalenz verloren. Aus diesem Grund entsteht in der Übersetzung eine variierte Form des Bildes.

Die Auffasung der Sprache in ihrer Funktion eines Generators von Bildern und das Verständnis der Übersetzung als Nachahmung der Originalbilder weist gewisse Parallelen mit der Konzeption von Pound auf. Als Poet glaubt Pound an die Energie, die der Sprache im Allgemeinen innewohnt: Wörter sind mit Schnitzbildern (sculpted images) vergleichbar, die letzteren wiederum mit in Stein eingravierten Wörtern. Die Aufgabe des Übersetzers sieht Pound in erster Linie darin, Details zu erfassen: einzelne Wörter, separate oder sogar fragmentarische Bilder. Die Arbeit des Übersetzers hat eine Ähnlichkeit mit der Mühe eines Bildhauers, denn er modelliert die Wörter, wie der Bildhauer seinen Stoff. Die Übersetzung fällt mit Interpretation und Kritik zusammen, weil sie die fundamentale Struktur des Werkes enthüllt, die oft verhüllt bleibt (Xie 1999: 240).

Die Konzeption von Pound, die sich auf die Übersetzung von Gedichten bezieht und seiner Erfahrung mit dem poetischen Stoff aus entfernten Kulturräumen und älteren Zeiten entspringt[38], wird hier aus einem wichtigen methodischen Grund herangezogen. Die vorliegende Untersuchung gilt zwar der Prosa, präsentiert jedoch die Rolle des Kernwortes als Aufbauelement der semantischen Figur und als Schwerpunkt der Übersetzerarbeit.

---

38 Pound versuchte sich als Übersetzer aus dem Chinesischen (er übersetzte die Gedichte von Li Po), ohne richtig Chinesisch zu können. Als Bildersprache entspricht Chinesisch seiner Vorstellung von der poetischen Funktion der Sprache.

In diesem wird die ganze „Energieladung" der Kernwörter und deren Äquivalente geschildert, die als komplementär anzusehen sind.

3.2.2. Semantische Figuren

Wenn Jiri Levy den Übersetzungsprozess als Spiel bezeichnet, gedenkt er, den Entscheidungscharakter des Prozesses zu erfassen. Die Übersetzung wird mit dem Schachspiel verglichen, in dem sich jeder Zug aus der Summe der vorausgehenden ergibt (1969: 220). Das Spielerische des Übersetzungsprozesses mag jedoch anders aufgefasst werden: als relativ freier Umgang mit der Figur gegenüber ihrem Grund, sowie mit Bezügen einzelner Figuren aufeinander.

Einzelne Abbildungen werden im literarischen Text nicht separat, sondern in einem Wechselspiel dargestellt. Dieses Wechselspiel ergibt sich aus den Bezügen, die zwischen den einzelnen Abbildungen bestehen. Beispiele dafür, wie diese Bezüge in der Übersetzung neu akzentuiert, neu hergestellt bzw. aufgehoben werden, erscheinen in Kapitel II. Die von mir eingeführten Termini, die für die neue Organisation der semantischen Figuren zutreffen: *Amplifikation, Reduktion, Fabrikation, Annihilation* und *Konservation* werden unten bei der Schilderung der Methode definiert.

Durch den schichtartigen Aufbau des literarischen Werkes, wie ihn Ingarden beschrieben hat, werden die dargestellten Gegenstände als intentional im Bewusstsein des Lesers konstituiert. Dieser Konstituierungsprozess, der sich in realer Zeit vollzieht, hat nur teilweise Additionscharakter, indem sich die Reihe der sprachlich vermittelten Ansichten mit der Fortsetzung des Textes ausdehnt. Auf der anderen Seite kommt es gleichzeitig zu „Reibungen" in der Reihe zeitlich geordneter Ansichten, die durch Addition permanent neu abgestimmt, revidiert und zu einem Interimbild organisiert werden:

> Die im fortschreitenden Gang der Vermittlung hinzukommenden Bedeutungen werden im Rahmen der großen semantischen Figuren kumuliert, analog dazu, wie die Werte der Wörter in syntaktischer

Schablone kumuliert werden. Die konsekutiv eingeführten Bedeutungselemente werden nicht nur zu den vorausgehenden addiert, sondern sie reinterpretieren diese; die hinzukommenden Informationen können den Wert der bereits bekannten radikal verändern (Sławiński1998: 121, Übersetzung L. W.).

Erst bei abgeschlossener Lektüre des Textganzen ist die Konstruktion des intentionalen Gegenstands abgeschlossen und somit das rezeptive Bild des im Werk dargestellten Gegenstands fertig.

Dieses fertige, im Bewusstsein des Rezipienten phänomenologisch, durch eine Reihe zeitlich geordneter Ansichten konstituierte Bild – das selbst intentionaler Gegenstand ist – wird im Folgenden als eine große semantische Figur bezeichnet. Dieses Verständnis der großen semantischen Figur ist eine Erweiterung und Ergänzung des Begriffes in dem Sinn, wie er bei Legeżyńska erscheint, die diesen Terminus für die Zwecke der Übersetzungsstudien übernimmt. Mit großen semantischen Figuren meint Legeżyńska

> höhere Bedeutungseinheiten, konstruiert durch Sätze und Äußerungen, die autonomen Sinn besitzen können (Personen, Erzähler, Erscheinungen der dargestellten Welt) (1999: 17, Übersetzung L. W.).

Dem Wortlaut dieser Definition lässt sich die Existenzweise der großen semantischen Figuren nicht klar entnehmen, zumal die Unterscheidung zwischen Bedeutung und Sinn nach Frege[39] dabei eher irreführend als behilflich erscheint. Es gilt zu betonen, dass der Standort der großen semantischen Figuren jeweils das rezipierende Bewusstsein ist, das allerdings nach diversen Kriterien – der Religion, des Alters, des Geschlechts, des sozialen Status, und nicht zuletzt der Nationalzugehörigkeit – verallgemeinert, kategorisiert und antizipiert werden kann.

---

39 Nach Frege ist die Bedeutung eines sprachlichen Zeichens mit dem Signifikat identisch, während der Sinn „die Art des Gegebenseins" meint und somit nicht als autonom bezeichnet werden kann.

Der Begriff einer großen semantischen Figur impliziert den einer kleinen. Unter kleinen semantischen Figuren verstehe ich intentionale Gegenstände, die sich im Bewusstsein des Rezipienten auf Grund eines Textfragments eingeprägt haben, mit anderen Worten: durch einen Abschnitt der Reihe zeitlich geordneter Ansichten generiert wurden. Sie können insofern als Unterteile der großen semantischen Figuren angesehen werden, als sie das Spektrum ausmachen, aus dem die letzteren zusammengefügt werden. Allerdings darf nicht außer Acht gelassen werden, dass die großen semantischen Figuren nicht zuletzt durch dialektisches Zusammenspiel der Ansichten zustande kommen, wodurch die kleinen ständig einer korrigierenden Ausgestaltung unterliegen.

3.3. Die Grenzen der Übersetzungskritik, Übersetzungstheorie und Übersetzungswissenschaft

Die Übersetzungskritik nimmt sich namensgerecht vor, Werturteile über vorgelegte Übersetzungstexte auszusprechen. Nach Balcerzan eignet sich die Übersetzungskritik als eine „Korrekturfunktion" gegenüber den bestehenden Übersetzungstexten (1999: 33ff.). Die Korrekturfunktion wird wahrgenommen, indem der Kritiker auf Unzulänglichkeiten der besprochenen Übersetzung hinweist und möglicherweise, obwohl nicht unbedingt, eigene Vorschläge als „Korrekturen" der vorhandenen Fassung vorlegt. Kritik in diesem Sinne liegt den Zielsetzungen der vorliegenden Untersuchung fern. Im Hinweisen auf Fehlleistungen erschöpft sich jedoch nicht die Aufgabe der Übersetzungskritik. Der bereits zitierte Balcerzan führt aus:

> Es geht darum, dass die Abweichung vom Original ein konstitutives Charakteristikum der Übersetzung „als solcher" darstellt, und Ziel der Übersetzungskritik ist es, diese Tatsache im Bewusstsein des Lesers aufrechtzuerhalten. Die elementare Bestrebung der Translationskritik bleibt – so oder anders – eine Lektürewarnung: ein Zeichen der An-

dersartigkeit, die dem naiven Vertrauen des Empfängers vorbeugen soll (1999: 32, Übersetzung L. W.).

Nach diesem Verständnis ist ein übersetzungskritischer Ansatz ein fester und relevanter Bestandteil des vorliegenden Projekts, in dessen empirischem Teil konkrete Differenzen zwischen semantischen Figuren des Originals von Grass und der polnischen sowie englischen Parallelfassung geschildert werden. Ansätze von Werturteilen sind hier insofern präsent, als auch die Übersetzerfehler als Untersuchungsgegenstand herangezogen werden.

Im Folgenden wird eine Methode präsentiert, deren Nützlichkeit für Übersetzungsforschung am selektierten Stoff veranschaulicht wird. Dies ist als Beitrag zur Übersetzungstheorie einzuordnen. Trotzdem gehören die folgenden Ausführungen nicht schlechthin zur Übersetzungstheorie, die das Ziel verfolgt, das normative und deskriptive Instrumentarium für die Übersetzungskritik zu schaffen. Die Legitimation für diese Zielsetzung der Übersetzungstheorie ist die Überzeugung von einer Inhärenzbeziehung zwischen Theorie und Praxis der Übersetzung. Diese Überzeugung wird in der vorliegenden Arbeit vertreten, wird jedoch aus dem Gesamtbild der menschlichen Kultur, inklusive Sprachkultur hergeleitet und darin eingebettet; der Übersetzer erscheint als Aufbewahrer des menschlichen Kulturguts und als solcher transzendiert er die Grenzen seiner übersetzungstheoretisch begründeten Kompetenzen.

Die Übersetzungswissenschaft erhebt den Anspruch auf Wissenschaftlichkeit im Sinn der exakten Wissenschaften, trachtet also nach Erarbeitung von Methoden zur Erzielung verifizierbarer Ergebnisse, was den meisten Erfolg im linguistischen Bereich verspricht; die Subjektivität des Übersetzers wird dabei notgedrungen unterschätzt. Gerade für literarische Texte, wo der Sprachgebrauch oft die kanonisierten Normen bricht und der künstlerische, d. h. der eigentliche Wert dieser Texte in diesem Bruch (wenn nicht *aus* einer Reihe von solchen Brüchen) besteht, findet die übersetzungswissenschaftliche Methode kaum Anwendung (Koller 1972: 37). Rein linguistische Untersuchungen sind nicht der Gegenstand dieser Arbeit, die streckenweise zwar auf textlinguistische Verfahren zurückgreift, diese aber immer auf geschichtlich geprägte Objektivität der außersprachigen Wirklichkeit *und* Subjektivität des rezipierenden Bewusstseins bezieht.

Den Standort der vorliegenden Untersuchungen möchte ich, mit dem bereits in Kapitel 2 eingeführten Begriff – als *Übersetzungsstudien* bezeichnen. In diesem Terminus treffen partiell Zielsetzungen und Ansprüche der Übersetzungskritik, Übersetzungstheorie und Übersetzungswissenschaft zusammen, jedoch ist er nicht als geräumiger Dachbegriff für alle drei anzusehen. Unter *Übersetzungsstudien* verstehe ich den gesamten theoretischen, praxisorientierten Unterbau und Überbau der Übersetzung, d. h. die Gesamtheit der Reflexion, die auf Grund empirischer Studien entstanden ist und die Übersetzerpraxis als Zweckrahmen der Untersuchungen ansieht. Diese Auffassung knüpft an Kollers Erweiterung des Begriffs Übersetzungswissenschaft als *Zusammenfassung und Überbegriff für alle Forschungsbemühungen, die vom Phänomen Übersetzen und Übersetzung ausgehen oder auf dieses Phänomen zielen* (Koller 1972: 37), wobei hier jedoch die Praxisbezogenheit des empirischen Ausgangspunkts stärker akzentuiert ist.

3.4. Das Polysystem der Zielkultur

Der israelische Kulturwissenschaftler Itamar Even-Zohar, der sich auf Tynjanov und Sklovski beruft, weist darauf hin, dass jede Nationaliteratur auf synchroner Ebene ein Zentrum und Peripherien aufweist, wobei das erstere durch dominierende Tendenzen bestimmt wird und die letzteren von alternativen Versuchen bevölkert sind. Auf diachroner Ebene lassen sich Verschiebungen zwischen Zentrum und Peripherien beobachten: ehemals führende Charakteristika verlieren mit der Zeit an Bedeutung und werden peripher, während alternative an Stärke gewinnen und ins Zentrum einrücken. Die übersetzte Literatur stellt dabei ein eigenes System dar und sucht einen Platz in dem übergeordneten Polysystem der zielsprachigen Literatur, der keineswegs automatisch ihrem Rang im ursprünglichen Polysystem entspricht.

Dass der Status eines bestimmten literarischen Werkes relativ, weil jeweils auf das literarische System der Originalkultur bezogen ist, klingt nach näherem Hinschauen wie eine Selbstverständlichkeit. Klassische Titel einer Nationalliteratur liegen oft in übersetzter Fassung in anderen literarischen Systemen überhaupt nicht vor. Als Illustration dafür können folgende Prosawerke und Dramen dienen, die zur Pflichtlektüre eines polnischen Oberschülers gehören, ins Englische jedoch nie übertragen worden sind: *Kordian* von Juliusz Słowacki, *Nad Niemnem* (Am Fluß Niemen) von Eliza Orzeszkowa, *Granica* (Die Grenze), sowie *Medaliony* (Medaillonen) von Zofia Nałkowska, *Noce i dnie* (Tage und Nächte) von Maria Dąbrowska, *Niemcy* (Die Deutschen) von Leon Kruczkowski. In allen genannten Werken wird die eigenartige polnische Nationalproblematik behandelt, die im englischsprachigen Raum offenbar nicht genug Interesse fand, als hätten die Titel als übersetzungswürdig qualifiziert werden können. Even-Zohar betont, dass nur bei schwachen, kriselnden und jungen Literaturen die Übersetzungen einen festen Platz im literarischen Zentrum erobern, indem sie neue Ideen vermitteln und dadurch zur Überwindung einer Stagnation verhelfen. In diesem Fall kann die Übersetzung auch adäquat sein; unter Adäquatheit wird hier die Treue gegenüber dem Original verstanden, die auf Kosten zielsprachiger Normen im Allgemeinen erzielt wird, was durchaus konsequent erscheint. Ein Werk in übersetzter Fassung – diesen Begriff ziehe ich hier ganz entschieden dem einer Übersetzung schlechthin vor – das im Zentrum eines literarischen Systems unterkommt, darf Konventionen brechen, weil es demnächst selbst als Maßstab dienen und Normen setzen wird. Es handelt sich dabei um dynamischen Sprachgebrauch im Sinne von Hatim und Mason[40], der durch Experimentierlust und Konventionsbrü-

---

40 Bei Hatim/Mason ist es erst die Dynamik des Sprachgebrauchs, die eine sprachliche Äußerung interessant macht. Statisches Sprechen besteht im Kopieren etablierter Formeln und Phrasen und entbehrt somit den Reiz einer Neuerung bzw. Überraschung, die für dynamische Aussagen charakteristisch ist.

che gekennzeichnet ist und sich dadurch vom statischen-konservativen, normgerechten Sprachgebrauch absetzt. Gewöhnlich nimmt ein Werk in übersetzter Fassung in den Peripherien des literarischen Polysystems der Zielkultur Platz ein und fügt sich aus diesem Grund den in diesem Polysystem geltenden literarischen und sprachlichen Normen, was wiederum kohärent mit dem Obigen erscheint: Um aufgenommen, aber nicht hervorgehoben zu werden, muss sich das Werk dem Gastumfeld anpassen. Der Begriff *eine Parallelfassung des Werkes* wird hier dem einer *Übersetzung* vorgezogen, weil das Original in ihm lebt und durchleuchtet, was bei dem letzteren nicht der Fall ist. Die Formel *eine Parallelfassung* distanziert sich von der Skepsis derjenigen übersetzungstheoretischen Positionen, die Nichtidentität zwischen Original und Übersetzung ungebührend überbetonen. Hier geht es hingegen darum, das Sprachwerk „weltbürgerlich" anzusehen, d. h. dessen wirkungsmäßige multiple Nationalzugehörigkeit auszuweisen, ohne an seinem genuinen Ursprung zu rütteln.

Die von Even-Zohar unterbreitete Forschungsmethode der Übersetzungsliteratur in einer Sprache umfasst das zielsprachige literarische Polysystem in seiner Dynamik und Wandlung. Das Zentrum gehört dabei mit der Peripherie konfrontiert, damit der Hauptstrom maßgebender Tendenzen vom konformen Strom der Begleiterscheinungen abgegrenzt wird. Erst vor diesem Hintergrund können übersetzerische Strategien klassifiziert und gedeutet werden.

In Anlehnung an dieses Konzept von Even-Zohar postuliert Toury eine Methodik der Untersuchung der Übersetzungsliteratur, deren Ziel die Feststellung der Normen ist, die dem Übersetzer als Richtlinien dienten. Dabei unterscheidet er zwischen Initialnormen, Anfangsnormen und operativen Normen. Die erstgenannten meinen die Weichenstellung in Richtung ausgangs- oder zielsprachigen literarischen Normen, was wieder an das Dilemma Schleiermachers erinnert; die zweitgenannten umfassen arbeitsexterne, übersetzungspolitische Umstände, wie die Prinzipien der Auswahl zu übersetzender Texte; die letztgenannten fallen mit individuellen Entscheidungen des Übersetzers zusammen, die im Laufe seiner Tätigkeit getroffen werden. Als Methode schlägt er die Untersuchung unterschiedlicher Übersetzungen eines und desselben Werks vor, die in verschiedenen Zeiten, und somit auch in verschiedenen literarischen Polysystemen entstanden sind. Eine andere Methode könnte in der Untersuchung der Produktionen eines und desselben Übersetzers bestehen. In beiden Fällen geht es um die Feststellung der Regelmäßigkeiten, die die Wirkung eines Übersetzers in ihrer Geschichtlichkeit erkennen lässt. In den beiden Konzeptionen wird dem Übersetzer eine Orientierung am Schrifttum der Zielkultur unterstellt, zu dem das Werk in übersetzter Fassung Anschluss finden soll.

Die Methode der vorliegenden Abhandlung schöpft aus beiden, erschöpft sich jedoch nicht in ihnen. Untersucht wird das Werk nur eines Schriftstellers in übersetzter Fassung, wobei die Tatsache als marginal angesehen wird, dass es sich sowohl bei der polnischen, als auch bei der englischen Version fast ausschließlich um die Leistung eines einzigen Übersetzers handelt.[41] Ziel der vorliegenden Untersuchung ist es, das Spiel des Übersetzers – als Modellfigur – mit Werk und Sprache, das teilweise, wenn auch nicht ausschließlich, in der jeweiligen Zielkultur begründet ist, zu untersuchen. In dieser Hinsicht unterscheidet sich der methodische Ansatz ganz deutlich von den Postulaten Even-Zohars und Tourys: was hier untersucht wird, ist nicht der Einfluss des *literarischen* Polysystems der Zielkultur auf übersetzerische Entscheidungen (der keineswegs in Frage gestellt wird), sondern der Einfluss des Zielkulturabbilds im Allgemeinen, das ins Bewusstsein des Übersetzers gelangt und seine Tätigkeit mitbestimmt. Um dem Vorwurf einer unberechtigten Psychologisierung vorzubeugen, sei noch einmal betont: es handelt sich nicht um einen individuellen Bewusstseinszustand eines Übersetzers als Person und Fachperson in einem, sondern um die Summe der Einsichten aller Arten, die die endgültige Form des Werkes in übersetzter Fassung mitbestimmen (wie Suggestionen des Verlegers, Bemerkungen der Kritiker). Der Vergleich zwischen den durch die polnische und die englische Zielkultur beeinflussten übersetzerischen Ent-

---

41 Bis auf *Katz und Maus* – ins Polnische übersetzt von E. und M. Naganowski – wurden sämtliche Romane von Grass von S. Błaut ins Polnische übersetzt. Autor der meisten englischen Fassungen ist der 1992 verstorbene Ralph Manheim.

scheidungen ermöglicht eine Diagnose hinsichtlich der Initialnormen im Sinne von Toury, die – wie bereits erwähnt – an ein ewiges Übersetzungsdilemma anknüpfen.

3.5. Der große und kleine hermeneutische Übersetzungszirkel

Während exakte Wissenschaften in ihrem Modell auf Erklärung ausgerichtet sind und das Kriterium der Wissenschaftlichkeit in ihnen mit Verifizierbarkeit/Falsifizierbarkeit erfüllt ist,[42] trachten Humanwissenschaften nach Verstehen, das jedoch nur durch komplementäres Verhältnis zum Erklären erzielt werden kann. Beim Verstehen handelt es sich nämlich nicht um bloßes Begreifen, zu dem ein Individuum auf Grund seiner persönlichen emotional-intellektuellen Ausrüstung fähig (bzw. unfähig) ist, sondern um das Finalergebnis eines langwierigen Prozesses, dessen Ansatz ein subjektiv-intuitives Vor-Verstehen darstellt, das durch methodisch angelegte Recherchen revidiert und korrigiert wird. Die angesprochenen Recherchen machen den Erklärungsanteil des Verstehensprozesses aus.

Mit Hermeneutik ist die Kunst der Textinterpretation gemeint, die als „allgemeine Kunstlehre des Verstehens" von Schleiermacher entwickelt, und als „methodologische Grundlegung der Geisteswissenschaften" von Dilthey begründet wurde (Stolze 1992: 45). Der Ehrgeiz dieser Methode im Sinne von Dilthey war es, das Verstehen zum Rang der Erkenntnis zu erheben, die untrennbar mit der Wertung verbunden ist (Dilthey 1924: 336).

---

42   Das geltende Kriterium der Wissenschaftlichkeit einer Theorie wurde von Karl Popper formuliert; demnach muss eine wissenschaftliche Theorie selbst Bedingungen der eigenen Falsifizierbarkeit formulieren, d.h. die Prozedur angeben, die sie als falsch ausweisen könnte. Popper betont jedoch nachdrücklich, dass das Attribut *nichtwissenschaftlich*, das bei der Anwendung seines Kriteriums notwendigerweise den Humanwissenszweigen angehängt werden müsste, den Wert und die Nützlichkeit der letzteren keineswegs in Frage stelle.

Der so genannte hermeneutische Zirkel setzt dort an, wo sich der sachkundige Rezipient als Interpret ein kognitiv begründetes, wenn auch emotional gesteuertes Bild von der im Werk dargestellten Welt macht. Die jetzt anfallende interpretatorische Prozedur verläuft kreisartig: sie führt über komparative, werkimmanente Analysen mehrerer Textpassagen, Herstellung von Parallelen und Kontrasten zu anderen Texten desselben Autors, Untersuchungen zum historischen Hintergrund der Schaffensperiode sowie der persönlichen Lebensgeschichte des Dichters bis zu dem Ausgangspunkt, dem intentionalen Gegenstand im Bewusstsein des Interpreten, der nun im korrigierten Zustand zum Finalbild wird. Dieses Finalbild ist mit dem Ergebnis erklärend-korrektiver Zugriffe identisch, die an dem Ausgangsbild, sowie den Übergangsbildern vorgenommen wurden. Der Begriff des hermeneutischen Zirkels mit inbegriffenen Arbeitsprozeduren, wie er oben nachgezeichnet wurde, nimmt keine Rücksicht auf die sprachliche Fassung des zu interpretierenden Werkes, d. h. unterscheidet nicht zwischen Original und Werk in übersetzter Fassung. Dies ist ein Versäumnis, das m. E. nachgeholt werden sollte. Es ist nämlich in erster Linie der Wortlaut des Textes, an dem sich das hermeneutische Vorhaben entzündet, d. h. die Werkschicht, die durch Übersetzung notgedrungen eine ganz neue Prägung bekommt.

Heutzutage wird allgemein eingesehen, dass eine literarische Übersetzungsaufgabe grundsätzlich hermeneutischen Charakter hat.[43] Der Begriff des *kleinen hermeneutischen Übersetzungszirkels* meint hier den hermeneutischen Arbeitsvorgang des Übersetzers, der ohne Interpretation und Recherche nicht auskommt, sich allerdings in den beiden auch nicht er-

---

43 Dabei ist allerdings zu vermerken, dass es nicht nur literarische Texte sind, deren Übersetzung eine hermeneutische Aufgabe mit enthält. Manche Wissenschaftler (Lederer, Seleskovitch) sehen die Phase der Deverbalisation – eines stillschweigenden Verstehens im Bewusstsein des Übersetzers – als unabdingbare Voraussetzung einer gekonnten übersetzerischen Leistung im Allgemeinen. Diese Ansicht ist – insbesondere auf der Satzebene bzw. bei ganz kurzen Texten niedrigen Abstraktionsgrades – nicht haltbar, gewinnt jedoch eindeutig an Bedeutung bei der Steigerung des Abstraktionsgrades.

schöpft. Der hermeneutische Übersetzungszirkel überschneidet sich mit dem arbeitsmäßigen Kreislauf des Interpreten bereits in seinem Ansatz, dem „rohen", emotional-intuitiven Vor-Verstehen, das sich von selbst aus dem sprachlichen Verstehen des Wortlauts kontinuierlich herauskristallisiert. Der wesentliche Unterschied macht sich bereits auf der ersten Artikulationsstufe des Vor-Verstehens bemerkbar: während dem Interpreten kein quantitatives Limit für seine Äußerung gesetzt wird, steht der Übersetzer von Anfang an unter dem Druck dieses Limits, das hiermit als *Gebot der Kompaktheit* bezeichnet wird. Obwohl Vermeer dem Übersetzer eine „unvoreingenommene" Textlektüre als Voraussetzung für eine gekonnte Übersetzung gebietet (1986), das heißt eine Lektüre ohne begleitendes Suchen nach zielsprachlichen Entsprechungen, ist anzunehmen, dass dieses Gebot in der Praxis nicht befolgt wird; in diesem Sinn heißt es bei Wawrzyniak: *Translatorisches Verstehen ist bilinguales Verstehen, in dem zwischen-sprachliche Assoziationen in Form der sog. Fertigen Entsprechungen eine Rolle spielen* (199: 153, Übersetzung L. W.).

Während der Ehrgeiz des Interpreten gewöhnlich die Erklärung „schwieriger" Passagen, symbolischer Elemente und impliziter Inhalte umfasst, ist der Übersetzer des Öfteren darum bemüht, im Rahmen seiner Treue dem Original gegenüber das Unverständliche in einer unverständlicher Form wiederzugeben, also: dem *Qualitätsgebot* zu genügen. Dabei ist Qualität in neutralem Sinne einer Eigenschaft gemeint, nicht als positives Werturteil.[1] Die Tatsache, dass viele Übersetzer auf Erklärung (z. B. in Fußnoten, aber auch im laufenden Text) und Explikation zurückgreifen, beweist m. E. nur, dass sie ihre hermeneutische Aufgabe ernst nehmen, nicht aber die Identität der beiden hermeneutischen Zirkel.

Während der Interpret die Freiheit genießt, aus der Multiperspektivität und Mehrdimensionalität des Textes, dem Faktorenbündel im Sinn von Vermeer (1986: 38), nach Belieben zu wählen, muss der Übersetzer das Textganze in dessen Absolutheit erfassen. Dadurch unterliegt er – viel stärker als der Interpret – dem *Kohärenzgebot*, indem seine Entscheidungen jeweils für das Textganze verbindlich sind. Auslassungen, die bei manchen Übersetzungen literarischer Texte anzutreffen sind, liefern m. E. kein Argument gegen das Kohärenzgebot, da sie ebenfalls in Bezug auf das Textganze in seiner Absolutheit vorgenommen werden.

Als *großen hermeneutischen Übersetzungszirkel* bezeichne ich hier den Kreislauf der interpretatorischen Tätigkeiten, die an einem Werk in übersetzter Fassung vorgenommen wurden. Der Forscher, der nur zu dem Letztgenannten Zugang hat, baut auf einem Vor-Verstehen, das vermittelten Charakter hat und direkt nur an das fremde Produkt des kleinen hermeneutischen Zirkels appliziert werden kann. Den Interpreten, der die Herausforderung des großen hermeneutischen Übersetzungszirkels annimmt, erwartet eine zusätzliche Belastung, nämlich das Antizipieren und Identifizieren ursprünglicher Leerstellen im Werk, die der Übersetzer als Interpret auffüllte, sowie das Erkennen übersetzerischer Entscheidungen als solcher, das als wegweisend für die anfallenden Recherchen ausgewiesen werden kann.

Die Konfrontation mit dem Original scheint ein unabdingbarer Bestandteil jeglicher Interpretationsaufgabe zu sein, die allerdings unterschiedliche Formen annehmen kann: von der kompletten Lektüre, über partielles Originallesen bis zu Kommentaren der Übersetzer oder sprachkundiger Wissenschaftler. Der große hermeneutische Übersetzungszirkel funktioniert am besten dort, wo der Forscher sowohl zum Original als zu dessen Übersetzung Zugang hat: Nur dann lassen sich die übersetzerischen Entscheidungen interpretatorischer Prägung als solche identifizieren und gegebenenfalls modifizieren.

3.6. Die übersetzerische Mehrwertsteuer

Die Übersetzungstheorien unterbreiten Modellfälle, die als solche praktisch nur angestrebt, nicht aber voll umgesetzt werden können. Wie bereits oben angedeutet, ist die übersetzerische Tätigkeit als Auftragserfüllung für den Übersetzer (primär oder sekundär) Broterwerb, eingebettet in ein sozialökonomisches Gefüge der jeweiligen Wirklichkeit, wo das Oberprinzip Effizienz immer mehr an Bedeutung gewinnt und das Prinzip Qualitätskontrolle dabei oft in den Hintergrund verdrängt wird. Der Übersetzer muss viel übersetzen, wenn er von seiner Arbeit seinen Unterhalt bestreiten will. Hinzu kommt die Verlagspolitik und deren Ehrgeiz, ausländische Verkaufshits möglichst schnell zu verlegen; die verursacht, dass auch etablierte Übersetzer fast immer unter enormem Zeitdruck arbeiten. Auch mit einer ausgezeichneten Kenntnis der in seinem Beruf geltenden Arbeitsgebote, wird der Übersetzer sein Arbeitstempo beschleunigen und die Akzeptabilitätsnorm ungewollt missbrauchen, die ihn von der Adäquatheit seiner Leistung bedingt befreit. Mit Akzeptabilität ist die zielkultursprachlichkonforme Qualität der Übersetzung gemeint, in der Abweichung von Syntax und Lexik des Originals legitime Prozeduren darstellen. Folgerichtig bietet das Werk in übersetzter Fassung streckenweise – und somit auch in seiner Totalität – einen semantisch, syntaktisch, stilistisch oder funktional vom Original abweichenden Text, künstlerisch nicht unbedingt der Vorlage unterlegen. Diese Andersartigkeit des Übersetzungstextes in Bezug auf das Original möchte ich hiermit als *übersetzerischen Mehrwert* bezeichnen, einen künstlerischen Wert, der durch Multiplikation des vorhandenen, im Original enthaltenen Werts erzeugt wurde. Wawrzyniak (1991) spricht in diesem Zusammenhang von einem *Überschuss* (orig. *nadwyżka*), mit dem er die vom Übersetzer eingefügten Ergänzungen meint, die in der Vorlage gar nicht auftreten.

Der übersetzerische Mehrwert ist mit derartigem Überschuss nur teilweise identisch, denn er erfasst – außer den Ergänzungen des Übersetzers – die Gesamtheit der erzwungen und freiwilligen Neuerungen, die das Werk in übersetzter Fassung gegenüber dem Original aufweist. Bestandteile des übersetzerischen Mehrwerts sind dabei z. B. neue semantische Figuren, neue Kollokationen, Neologismen, aber auch sprachliche Ungeschicktheiten und ergänzende semantische Figuren. Ein Teil des übersetzerischen Mehrwerts resultiert einfach aus Übersetzerfehlern, die auf das oben erwähnte Arbeitstempo zurückzuführen sind. Am einfachsten ist es wohl, die sprachliche Inkompetenz des Übersetzers oder Lücken in seiner Kulturkompetenz als Ursprung dieser „Fehler" abzustempeln.

Vor dem Hintergrund der obigen Bemerkungen zu den Arbeitsbedingungen des Übersetzers darf jedoch nicht übersehen werden, dass Übersetzerfehler – um mit Toury zu sprechen – oft bereits in den Präliminarnormen der modernen Übersetzung inbegriffen sind; es ist nämlich die Verlagspolitik mit ihren Veröffentlichungsprogrammen, die den Übersetzer teilweise zur Produktion des übersetzerischen Mehrwerts zwingt. Dieser kommt nämlich oft an den rezeptorisch schwierigen Stellen zustande, die der Übersetzer als Rezipient nicht bzw. nicht ganz versteht, die er aber als Mittler in einem Kommunikationsprozess sprachlich fixieren muss. Der Zeitmangel, der Recherchen und tief greifende Reflexion ausschließt, generiert – bei Zustimmung des Auftraggebers – einen übersetzerischen Mehrwert. Im empirischen Teil der vorliegenden Abhandlung werden zahlreiche Beispiele dafür angeführt.[44]

Der übersetzerische Mehrwert führt notgedrungen zu Modulationen und Entstellungen des Originals, wobei sich Modulation von der Entstellung in ihrem Sinn, nicht aber in ihrer Bedeutung unterscheidet; während Modulation als harmlos empfunden wird, haften der Entstellung negative Assoziationen an. Die Entstellungen des Originals, die im übersetzerischen Mehrwert verwurzelt sind, bezeichne ich hiermit – nicht ganz ohne Ironie – als

---

44 An dieser Stelle möchte ich nur auf ein linguistisches Beispiel übersetzerischen Mehrwerts hinweisen, der eindeutig als Übersetzerfehler einzustufen ist. In *Katz und Maus* erscheint in einer Tauchszene das Wort „der Drussel", das weder in gängigen Wörterbüchern enthalten, noch einem durchschnittlichen Muttersprachler bekannt ist. Erst ein ganz spezielles Wörterbuch, nämlich das Wörterbuch für Danziger Deutsch weist dieses Wort als Regionalismus aus, Synonym einer Leine bzw. eines Bindfadens. In diesem Sinn hat Grass dieses Wort als synonym von „Seil" verwendet, mit dessen Hilfe der Protagonist den Feuerlöscher zur Meeresoberfläche beförderte. Interessant ist, dass weder in polnischer noch in englischer Fassung das richtige Verständnis von „Drussel" zu finden ist. Aber noch viel interessanter mutet die Tatsache an, dass die beiden Übersetzer die fast gleiche f a l s c h e Auslegung in den Text einflechten, indem sie „Drussel" als Bündel von brüchigem Draht wiedergeben. Es liegt nahe, die These aufzustellen, dass Übersetzer notfalls möglicherweise auf Lösungen ihrer ausländischen Fachkollegen zurückgreifen; diese These wird im Folgenden verifiziert.

übersetzerische Mehrwertsteuer, wobei mit Steuer traditionell eine Abgabe gemeint ist, die von außen auferlegt und von jedem nur ungern geleistet wird. Die Höhe der Mehrwertsteuer variiert bekanntlich in der Marktwirtschaft und wird im Rahmen der Förderungsmaßnahmen für ein bestimmtes Produkt oft gesenkt. Die Höhe der übersetzerischen Mehrwertsteuer zu ermessen, wäre meines Erachtens ein hochinteressantes und produktives Forschungsthema, das die Auswertung der Übersetzungen mit einschließen müsste; die Ergebnisse könnten zur Klassifizierung der Übersetzerfehler nach ihrer Quelle beitragen. In der vorliegenden Arbeit wird jedoch überwiegend auf die übersetzerische Mehrwertsteuer hingewiesen, die partiell auch durch die Zielkultur bedingt ist.

3.7. Die Funktion der Leerstelle in der Übersetzung

Mit Leerstelle eines literarischen Textes ist im Allgemeinen fehlende Information gemeint, die dem Leser interpretatorischen Freiraum gewährt. Es drängt sich die Frage auf, inwiefern die Leerstellen des Originalwerkes in übersetzter Fassung beibehalten bzw. aufgefüllt werden, sowie die Frage nach Herstellung neuer, in der Vorlage nicht gegebener Leerstellen. Die Fragen können bagatellisiert und mit einer trivialen Antwort abgetan werden: Manche Leerstellen bleiben bestehen (indem z. B. ein Doppelsinn erfasst wird), manche werden aufgefüllt (z. B. durch Explikation), andere werden eröffnet (z. B. durch eine Generalisierung).

Aber die Fragen können (und sollen) auch ernst genommen werden, indem der Umgang des Übersetzers mit Leerstellen des Textes in seiner Auswirkung auf die semantischen Figuren gezeigt wird. Schon allein durch die Wahl des semantischen Äquivalents für ein Originalwort, vor allem dort, wo es sich um einen Kernbegriff handelt, der auf der von Holmes definierten Landkarte des Textes einen zentralen Platz einnimmt, eröffnet der Übersetzer – bewusst oder unbewusst – ein neues Assoziationsfeld und dadurch einen interpretatorischen Freiraum für den Leser.

Als *Parallelfassung* des Originalwerkes muss die Leistung des Translators sowohl literarisch als auch übersetzungstechnisch überzeugen. Der schichtartige Aufbau eines literarischen Werks umfasst nach Ingarden vier Schichten, deren Zusammenspiel erst die eigentliche künstlerische Leistung ergibt.

Die erste, sprachlichlautliche Schicht – der Wortlaut des Textes – erfüllt eine doppelte Funktion, weil sie sich auf der einen Seite absondern lässt und in diesem Sinn auch selbständig ist, auf der anderen Seite jedoch die anderen Schichten mitkonstituiert und mitbestimmt. Ingarden betont den engen Zusammenhang zwischen dem lautlichen und künstlerischen Aspekt einer sprachlichen Äußerung; daraus folgt, dass ein Werk in übersetzter Fassung mit seinem neuen Wortlaut eine neue Konstituente des gesamten Aufbaus mitführt.

Die zweite Schicht weist Bedeutungseinheiten auf, mit denen der denotative Wert des Textes gemeint ist. Die Bedeutung meint hier ein Designat bzw. eine Reihe von Designaten, die objektiv-interpersonellen Charakter haben, wodurch der Bezug des Textes auf texttranszendente Wirklichkeit hergestellt und verstanden werden kann. Es ist klar, dass die Bedeutungsschicht des Werks in übersetzter Fassung von der des Urtextes abweicht, was sich aus der Mehrzahl der Korrespondenzarten auf der Wortebene allein erklären lässt (Fawcett 1997: 27ff.).

Die dritte Schicht des literarischen Werkes besteht aus verschiedenen schematisierten Ansichten; mit Ansicht – im Sinn der Phänomenologie – ist die Art und Weise gemeint, wie sich ein transzendenter Gegenstand allmählich dem Bewusstsein bietet, bis in dem Bewusstsein dessen endgültiges Abbild erscheint. Mit anderen Worten handelt es sich dabei um fragmentarische Abbilde der objektiven Gegenstände, die im Bewusstsein noch nicht in ihrer Ganzheit verarbeitet wurden. Da die Wirklichkeit eines literarischen Werkes keine objektive Realität, sondern selbst Erzeugnis eines schöpferischen Bewusstseins ist, enthält sie keine objektiven Gegenstände; die Gegenstände, die in einem Bewusstsein und nicht in der transzendenten Wirklichkeit begründet sind, bezeichnet die Phänomenologie als intentional. Die Sprachphilosophie betont die primäre Rolle der Sprache bei der

Wirklichkeitsaufnahme durch das Bewusstsein und im Bewusstsein: Ohne Sprache wäre kein Denken möglich[45]. In diesem Zusammenhang ist anzumerken, dass die Ansichten, die sich dem rezipierenden Bewusstsein in einem literarischen Werk bieten, aufs Doppelte durch die Sprache vermittelt werden: Der Text selbst stellt eine sprachliche Fixierung intentionaler Gegenstände im Bewusstsein des Originalautors, und die Rezeption erfolgt im Bewusstsein des Lesers, das primär sprachlich geprägt ist. Notgedrungen muss dieser doppelt sprachlich vermittelter Rezeptionsprozess im Fall eines Werkes in übersetzter Fassung Abweichungen von dem Urbild des intentionalen Gegenstands mitbringen.

Die vierte Schicht im Aufbau eines literarischen Werkes ist die Schicht der dargestellten Gegenstände, sowie Personen und deren Schicksale. Hierbei handelt es sich um eine Synthese der beiden vorausgehenden Schichten: aus Bedeutungseinheiten, die kontinuierlich fortgesetzt werden, entstehen ausgebaute Ganzheiten, die jedoch keine endgültigen, fest umrissenen Fertigprodukte sind, sondern immer „Unbestimmtheitsstellen" aufweisen, die durch das erkennende, rezipierende Bewusstsein ausgefüllt werden. Diese Unbestimmtheitsstellen sind Freiräume, in denen ein Dialog mit dem Kunstwerk erfolgt. Mit anderen Worten: der Dialog mit einem literarischen Werk ist nicht nur dadurch möglich, was in diesem Werk gesagt, sondern auch – vielleicht sogar vor allem – dadurch, was nicht ausgedrückt wurde. In diesem Sinn gleicht das literarische Werk einem Gedankennetz, in dem die Knoten dem Inhalt festen Halt, und die Löcher einen Fluchtweg bieten.

Aus übersetzungstheoretischer Sicht wäre die Frage von Bedeutung, inwiefern es möglich ist, in einem Werk in Parallelfassung die Leerstellen des Originals beizubehalten. Im Folgenden wird an Beispielen gezeigt, dass manche von ihnen vom Übersetzer aufgefüllt werden, während neue dort

---

45 So die These von Wittgenstein, der die Grenzen der Sprache mit den Grenzen der Welt identifiziert. Nach dieser Auffassung ist die Erkenntnis nur insofern möglich, als sich der erkannte Inhalt auch sprachlich ausdrücken lässt. Nach Wittgenstein kann alles, was gedacht werden kann, auch gesagt werden, und gedacht heißt auch automatisch: klar gedacht.

aufklaffen, wo sie im Original fehlen. Der Übersetzer ist Dialogpartner eines literarischen Werkes, bevor er sich an die Arbeit macht. Bereits als Rezipient füllt er die Leerstellen des Werkes auf und überträgt die eigene Erfahrung mit diesem Werk auf seine übersetzerische Leistung, was sehr wohl unbewusst passieren kann, aber auch bewussten Entscheidungscharakter haben kann. Aus Mangel an Methoden, das eine von dem anderen zu unterscheiden, betrachte ich meine Beispiele als Entscheidungen des Übersetzers, wodurch diese Entscheidungen automatisch nicht – wie bei Levy – mit rationalen Erkenntnisakten identisch sind. Im Folgenden gilt es, auf die interpretatorischen Potenzen des übersetzten Textes hinzuweisen, die in der Eröffnung der neuen, bzw. Ausfüllung der bestehenden Leerstellen durch den Übersetzer begründet sind. Dies erfolgt im nachstehenden Kapitel.

3.8. Die Methode

3.8.1. Methodologische Ansätze

Eine literarische Übersetzungstheorie, die nicht preskriptiv ausgerichtet ist, stößt auf ein elementares Problem: den Umfang der als Illustrationsmaterial zu untersuchenden Texte. Allgemeine Übersetzungstheorien führen zur Veranschaulichung ihrer Erörterungen Paralleltexte beliebiger Länge an, bzw. konzentrieren sich auf Analysen von einzelnen Sätzen, Kollokationen oder Lexemen. Die in Anlehnung an Nida erarbeiteten Methoden der Äquivalenzuntersuchung greifen in ihrem komparativen Verfahren auf ein *tertium comparationis* zurück, das sich – wie Hermans zu Recht argumentiert (1999) – als unproduktiv erweist. Als *tertium comparationis* fungiert nämlich eine adäquate (im Sinn von Even Zohar), buchstäbliche Übersetzung des Ausgangstextes, auf deren Basis die qualitative und quantitative Bestimmung der durch den Übersetzer vorgenommenen Transformationen erfolgte.

Eine Untersuchungsmethode, für die der Forscher ein *tertium comparationis* erst herstellen muss, ist notgedrungen nur auf kurze Texte anwendbar.

Längere literarische Formen, insbesondere umfangreiche Romane, können mit Hilfe dieser Methode nur partiell behandelt werden durch Rückgriff auf deren repräsentative Fragmente. Dabei wird der Begriff eines repräsentativen Fragments problematisiert, was dem Unternehmen interpretatorischen Charakter verleiht und an der Legitimation der Methode rüttelt.

Das Modell von Kitty van Leuven-Zwart bietet eine Untersuchungsmethode der Übersetzung durch Rückgriff auf eine Bedeutungseinheit, genannt *Archetransem*; darunter versteht die Autorin den gemeinsamen Nenner der verglichenen, aus dem Textganzen herausgehobenen Parallelfragmente des Originals und der Übersetzung. Dieser gemeinsame Nenner, der einem guten Wörterbuch entnommen werden könnte, ist der buchstäblichen, adäquaten Übersetzung insofern überlegen, weil er unter Berücksichtigung des Wortlauts der Übersetzung herausgearbeitet wird. Die Konfrontation des Archetransems mit dem Original auf der einen Seite und mit dem Translat auf der anderen Seite ermöglicht dem Forscher die Zuordnung der übersetzerischen Transformationen einem der drei Haupttypen: der Modifikation, Modulation oder Mutation.[46]

Die Schwierigkeit der praktischen Verwendung des Modells von van Leuven-Zwart besteht nicht nur darin, dass es auch nur für kurze Texte geeig-

---

46   Modulation ist zu verzeichnen, wenn zwischen einem der verglichenen Transemen und dem Archetransem die Relation der Hyponymie besteht, während zwischen dem anderen Transem und dem Archetransem Synonymität festgestellt wird. In diesem Sinne kann Modulation als Spezifikation oder Generalisierung vorkommen, indem die Übersetzung z.B. einen Gattungsnamen statt Eigennamen verwendet oder umgekehrt. Diese Auffassung von Modulation unterscheidet sich von der linguistischen Definition des Terminus bei Vinay/Darbelnet, nach der es sich bei Modulation um Verschiebungen innerhalb der Formative handelt (lexikalische Modulation) oder um Beachtung der Situativität (syntagmatische Modulation). Modifikation liegt vor, wenn beide Transeme in der Relation der Hyponymie zum Archetransem bleiben. Das ist z.B. bei dynamischer (funktionaler) Äquivalenz der Fall. Mutation bezeichnet die Unmöglichkeit, ein Archetransem zu finden. Sie kann die Form einer Weglassung, Hinzufügung oder radikalen Bedeutungsänderung annehmen (Van Leuven-Zwart 1984: 48).

net ist (worauf schon Hermans hinweist), sondern vielmehr in zwei weiteren Faktoren. Zum ersten müsste der Forscher, genauso wie im Fall einer adäquaten Übersetzung, sein *tertium comparationis* zuerst selbst anfertigen, was zeitraubend und in der Praxis ineffizient ist. Zum zweiten ist ein Wörterbuch, das dabei als meistens ausreichendes Hilfsmittel für die Erstellung des Archetransems genannt wird, selbst ein Amalgamat von Translaten, das nur selektierte Kollokationen berücksichtigt und viele, insbesondere innovative, auslässt. Durch den Rückgriff auf das Wörterbuch wird der kreative Moment des Vertextungsprozesses unterdrückt und der statische Sprachgebrauch gefördert.

James Holmes, Wegbereiter und Vertreter der niederländischen Schule der Translationsstudien, die fast ausschließlich auf literarische Übersetzung fokussiert ist, klagt über die relativ geringe Zahl empirischer Untersuchungen zu konkreten Übersetzungstexten (1978: 69). Seine Klage findet Verstärkung bei Theo Hermans: Was Translationsstudien brauchen sind Untersuchungen zu Translationen im Sinn von Übersetzungstexten (1999). Holmes unterbreitet ein Modell, nach dem diese durchgeführt werden können. Zentralbegriff dieses Modells, das als *Mapping* bezeichnet wurde, ist die *Landkarte* (map) des literarischen Textes, ein strukturiertes Begriffsraster, das im Laufe der seriellen Rezeption des Textes in wirklicher Zeit im Bewusstsein des Übersetzers als Textempfänger entsteht und die Schwerpunkte des Textes erfasst.

Der Übersetzer entwirft die Landkarte des Textes in der Zielsprache, bevor er zur eigentlichen Textproduktion übergeht, wobei er sich der Äquivalenzregeln bedient. Nach diesem Modell von Holmes besteht die Untersuchung einer Übersetzung als Produkt in der Erfassung der Äquivalenzregeln, die den Prozess der Übersetzung in dem konkreten Fall steuerten. Ein wichtiges Forschungsziel im Sinne des Holmes-Modells könnte sein, den Umfang und die Kohäsion der übersetzerischen Landkarte bei einem bestimmten Text, einem bestimmten Übersetzer, in einem bestimmten Sprachraum, in einer bestimmten Epoche festzustellen. Unübersehbarer Nachteil des Modells von Holmes ist dessen nicht artikulierte idealistische Voraussetzung, dass in der Textrezeption und im Landkartenentwurf dem Zufall kein Freiraum überlassen wird. Somit werden möglicherweise auf der ausgangs- und zielsprachigen Landkarte des Textes auch übersetzerische Fehler ihren Platz finden, die m. E. durch eine separate Untersuchung als Übersetzungsstrategien eingestuft werden können. Dies wird bei der Schilderung der Methode näher erklärt.

Gideon Toury postuliert im Rahmen der Deskriptiven Translationsstudien Forschungsprojekte, deren Gegenstand mehrere Übersetzungen eines und desselben Textes aus verschiedenen Zeiten wären, mit dem Ziel, die Übersetzungsnormen geschichtlich zu erfassen (1995). Toury schlägt den Text der Übersetzung und deren Kompatibilität mit den Standards der literarischen Produktion der Zielkultur als Ausgangsbasis der Analysen vor; der Vergleich mit dem Original zwecks Feststellung von Abweichungen ist dabei als ein späterer Schritt vorgesehen. Die literarische Kultur wird dabei – in Anlehnung an Itamar Even-Zohar – als Polysystem, also als System von Systemen aufgefasst, in dem sich Zentrum und Peripherie unterscheiden lassen, wo übersetzte Literatur, je nach Alter und Stärke der einheimischen, im Mittelpunkt oder am Rande unterkommt (Even-Zohar 1978).

Während Toury – im Sinne von Even-Zohar – seine Methode an das literarische Polysystem appliziert, wäre es m. E. auch sinnvoll, das allgemeine, auch außerliterarische Polysystem der Zielkultur zu berücksichtigen, die ich in Bezug auf übersetzte Literatur, in der Rolle der Empfangs- und Pflegestätte für fremde Literatur, demnächst manchmal lieber – wie bereits erwähnt – als *Gastkultur* bezeichne.

In dem Begriff des Ziels, vor allem in der englischen Fassung (*target*), klingt die Eroberungskomponente an, ohne dass der Gaststatus des übersetzten Werkes darin zum Ausdruck kommt. Der Gaststatus ist mit Sonderrechten und Sonderpflichten verbunden und steht euphemistisch für eingeschränkte Akzeptanz des Fremden. Der Begriff der Gastkultur impliziert ein wichtiges Konstitutionsmoment des Gaststatus, die Einladung zu kommen und zu bleiben. Dementsprechend übernimmt der Text der Übersetzung manche Züge der Gastkultur, ohne dabei die eigene Herkunft und Eigenart zu leugnen. Bestandteile der Gastkultur im obigen Sinn, die das rein literarische Polysystem transzendiert, aber nicht ausschaltet, sind solche

Faktoren wie Politik, Sprache, Tradition, Mentalität, die sowohl den Charakter des Übersetzungsauftrags im Sinne von Vermeer prägen, als auch das Empfängermodell mitbestimmen.

Als Transem ist hier einerseits nach Leuven-Zwart eine Sinneinheit des Textes gemeint, die – linguistisch betrachtet – unterschiedlichen Umfang, von einem Lexem bis zu einer Sequenz von Sätzen, haben kann (1984: 243). Jedoch stellt ein so definiertes Transem auf jeden Fall eine ununterbrochene Kette im seriellen Aufbau des Textes und kann daher auch als *strukturelles Transem* bezeichnet werden. Andererseits verstehe ich jedoch unter Transem auch eine semantische Figur des Textes, die als Element der dargestellten Welt seriell, aber möglicherweise sprunghaft-diskontinuierlich konstruiert wird und als *semantisches Transem* bezeichnet werden kann. Dabei handelt es sich beispielsweise um Personen, Ereignisse und Symbole (Legeżyńska 1999: 17).

3.8.2. Das Verfahren

Die vorliegende Arbeit ist als Beitrag zur Literaturwissenschaft und zu den Übersetzungsstudien konzipiert. Es gilt zu zeigen, wie die Übersetzung das Originalwerk spielerisch variiert (um den belasteten Terminus der Manipulation zu vermeiden) und wie die Variationen – durch Verschiebungen innerhalb der dargestellten Welt – neue Interpretationsfelder eröffnen und dadurch der eigentlichen Funktion des Werkes in dessen Dialogbereitschaft förderlich werden.

Es erscheint besonders interessant, zwei Gastkulturen eines Urtextes auf einmal heranzuziehen; durch Unterschiede und Ähnlichkeiten in der Lösung übersetzerischer Aufgaben bei denselben Transemen durch zwei anderssprachige Übersetzer kommt deutlich die Manipulation des Originaltextes zum Vorschein, die sich im Spiel der semantischen Figuren manifestiert. Gleichzeitig wird auch belegt, dass die genannte Manipulation als Spielartigkeit *nicht* an der Eigenart *einer* bestimmten Sprache, nämlich der jeweiligen Übersetzungssprache liegt, sondern zur Natur der Übersetzung gehört.

Die hier verwendete Methode ist – in Anlehnung an Holmes, Hermans und Toury – komparativ, deskriptiv und induktiv. Ausgangspunkt der Analysen stellt jeweils die Zusammenstellung von zwei Transemen dar, dem polnischen und dem englischen. Als Untersuchungsmaterial werden diejenigen Fälle qualifiziert, wo semantische Unterschiede vorliegen: Diese werden deskriptiv erfasst. Der Rückgriff auf das Original, das hier als *tertium comparationis* fungiert, erlaubt zweierlei:

- das Verhältnis zwischen Original und dem betreffenden Translat festzustellen,
- die Initialnorm der Übersetzung – vor dem Hintergrund der anderen – schnell zu erfassen.

Die in dem oben geschilderten komparativen Verfahren aufgelisteten Transeme werden anschließend deskriptiv als semantische Figuren geschildert. Dabei wird schon berücksichtigt, wie die Selektion als bewusster Wahlakt die Kontrolle des Übersetzers über die Poetik der Sprache beeinträchtigt. Die Rekonstruktion der Figuren wird dadurch zu einem Spiel, das zwar nach bestimmten Regeln (Äquivalenzregeln) ausgetragen wird, das jedoch nie voraussehbar ist, weil der Zufall auch zu den Regeln gehört. Der deskriptive Teil schildert die möglichen Konnotationen und Wortspiele, die zur Deutung der einzelnen semantischen Figuren in allen drei Sprachen und ihren Kulturen beitragen. Dabei wird auf Differenzierungen hingewiesen, die sich aus der Erstellung von neuen Sinnzusammenhängen ergeben, die hier als Spiel der semantischen Figuren bezeichnet wird. Es werden Hypothesen zur Erklärung der besprochenen Übersetzerentscheidung aufgestellt. Die in den Parallelfassungen des Werkes festgestellten Abweichungen vom Original und die dadurch generierten alternativen Lesearten und Interpretationsmöglichkeiten werden vor dem Hintergrund der etablierten literaturwissenschaftlichen Interpretation geschildert.

Im induktiven Teil des Verfahrens werden Verallgemeinerungen zu den übersetzerischen Spielarten im Bereich der semantischen Figuren formuliert. Es wird zwischen *Amplifikation, Reduktion, Annihilation, Fabrikation* und *Konservation* unterschieden; alle Termini meinen das Verhältnis der semantischen Figur der Übersetzung und deren Originalvorlage, sowie das Wechselspiel der einzelnen Figuren. Mit *Amplifikation* ist eine Vergrößerung bzw. Verstärkung einer semantischen Figur gemeint, während die *Reduktion* das Gegenteil, eine Abschwächung, markiert. Die *Fabrikation* bezeichnet die Herstellung einer im Original nicht existenten Figur bzw. eines Bezugs zwischen Figuren, indessen der Begriff der *Annihilation* für Aufhebungen der im Original enthaltenen Figuren bzw. deren Bezüge vorbehalten ist. Die *Konservation* meint das Bemühen, die Figur der Vorlage getreu aufrechtzuerhalten.

Die Analysen der vorliegenden Untersuchung erfassen ausgewählte Prosa von Günter Grass: *Die Danziger Trilogie*, die Romane *Unkenrufe* und *Der Butt*, und zwar in deutscher, englischer und polnischer Fassung. Die Wahl eines Autors statt z. B. eines Übersetzers verspricht insgesamt eine gewisse Einheit des Stils und Gedankenguts des Ausgangstextes und eröffnet die Möglichkeit, beide Faktoren im Korpus der Übersetzung auf Äquivalenzregeln zu untersuchen, was im Rahmen der vorliegenden Abhandlung jedoch nur marginal betrachtet wird. Dass alle englischen Titel von demselben Übersetzer, Ralph Manheim, ins Englische übertragen wurden, und alle polnischen Texte (wiederum mit einer Ausnahme: *Katz und Maus* wurde von Irena und Egon Naganowski ins Polnische übersetzt) aus der Feder des Hauptübersetzers der Werke von Grass, Sławomir Błaut, stammen, ist hier nicht als Wahlkriterium, sondern als Zufall anzusehen, der allerdings im Rahmen eines anderen Projekts auf seine Nicht-Zufälligkeit untersucht werden könnte.[47]

Als Übersetzerfehler wird hier diejenige Abweichung vom Wortlaut des Originals bezeichnet, die sich weder rein linguistisch noch textlinguistisch, kulturkundlich oder bloß intuitiv erklären lässt, mit anderen Worten: die Abweichung vom Original, für die der Forscher in der Rolle des amtlichen

---

47 Bei *Katz und Maus* handelt es sich um das erste ins Polnische übersetzte Werk von G. Grass (1963); S. Błaut hat sich erst später als Grass-Übersetzer etabliert. *Mein Jahrhundert* ist z. Z. das neueste Stück der Grass'schen Prosa und ist nach dem Tod von R. Manheim entstanden.

Verteidigers keine Rechtfertigung zu finden versteht. Dabei geht es nicht um irgendein Werturteil über die vorliegenden Werke, sondern lediglich um einen Versuch, den Standort des Fehlers in der übersetzerischen Tätigkeit zu bestimmen.

4. Übersetzerische Variationen der semantischen Figuren: Fallstudien

Wie bereits erwähnt, werden semantische Figuren eines literarischen Werkes phänomenologisch, d. h. durch Addition der sprachlich vermittelten Teilvorstellungen, unter permanenten Korrekturen und Abstimmungsverfahren zu einem Ganzen konstruiert. Auf diese Art und Weise entstehen Bilder von Personen und Ereignissen der dargestellten Welt, die sich dem Empfängerbewusstsein offenbaren, durch dieses nachgezeichnet und in ihrer Bedeutung erschlossen werden können. Als eine Selbstverständlichkeit bietet sich hierbei die These von der Relevanz des Wortes als Konstruktionsmittel und Bedeutungsträger einer semantischen Figur, die als solche mehrschichtig aufgebaut ist; die Schichten gehören jeweils zum Zentrum oder zur Peripherie. Das Zentrum einer semantischen Figur besteht aus deren wesentlichen Charakteristika, die durch Kernwörter ausgearbeitet worden sind.

Im Folgenden wird untersucht, wie sich die Selektion der Kernwörter auf das Verhältnis zwischen Figur und Grund, und somit auf die Konstruktion der semantischen Figur und das Wechselspiel der semantischen Figuren des literarischen Werkes auswirkt. Eine Stilanalyse, die relevante Einsicht in den Aufbau der semantischen Figur gewähren würde, wird hier aus methodischen Gründen nicht unternommen.

4.1. Die Symbolik der Titelfiguren

In Anlehnung an das Konzept von Popovic bemerkt Legeżyńska, dass *der Übersetzungstitel das erste Signal der Übersetzungspoetik gibt, das eigenartige „Programm des Textes"* (1999: 21). Dies bedeutet, dass der Titel kein Stichwort schlechthin ist, unter dem das Werk ins Inventar der literarischen Zielkultur aufgenommen wird, sondern er stellt gleichzeitig eine Erklärung des Übersetzers über seine Strategie dar. Linguistisch übertragen kann der Titel das Konzept der Treue dem Buchstaben des Originals gegenüber ankündigen, in dem dem Leser die Mühe überlassen wird, die Symbolik des Wortes zu erschließen. Funktional übertragen kann der Titel die Übersetzungsstrategie andeuten, den empirisch-kognitiven Erfahrungen des Lesers entgegenzukommen. Eine symbolische Titelübertragung kann einen Versuch verkünden, das Werk auf semiotischer Ebene mit der Gastkultur zu integrieren.

Der Titel eines literarischen Werkes vermittelt demnach eine Art Botschaft des Textes, in der die Einladung zu einem Besuch im Sinn eines längeren Aufenthalts enthalten ist. Am Wortlaut der Übersetzung lässt sich die globale Einstellung des Translators zum Text, seine interpretatorische Festlegung, erkennen.

Levy unterscheidet zwischen beschreibenden und symbolisierenden Titeln (1969: 123). Die ersteren, in der Form länger, geben das Thema des Werkes an bzw. nennen die Hauptperson. Die letzteren, kurz und prägnant gefasst, bieten *eine bildhafte Transposition des Themas* (Levy 1969: 23). In diesem Sinn haben alle Grass-Titel symbolischen Charakter, was nach Levy den Tendenzen des modernen Schrifttums entspricht.

Nord (1993) fasst den Titel als eine separate Textsorte auf, die funktional übersetzt wird, indem sechs Funktionen des Titels berücksichtigt werden: distinktive, metatextuelle, phatische, sowie Darstellungs-, Ausdrucks- und Appellfunktion.

Sofern keine Äußerung des Übersetzers vorliegt, die seinen Gedankengang bei der Formulierung der vom Original abweichenden Titelformel erläutert, kann dieser Gedankenweg nur hypothetisch rekonstruiert werden. Es darf jedoch angenommen werden, dass für die Umformulierung jeweils ein Grund besteht, der nicht mit reiner Willkür des Übersetzers identisch ist.

Im Folgenden werden Beispiele der Titelübersetzung literarischer Werke angeführt, in denen bemerkenswerte Abweichungen vom Wortlaut des Originals vorgenommen wurden. Die Abweichungen sind unterschiedlicher Art und erfassen semantische Verschiebungen unterschiedlichen Grades.

Auffallend ist manchmal der Verzicht auf die Übersetzung von Gattungs- und Sammelnamen.

Der Roman *Der Chinese des Schmerzen* von Peter Handke ist 1986 in englischer Sprache unter dem Titel *Across* erschienen (in Polen bisher nicht erschienen). Martin Walsers *Ehen in Phillipsburg* heißt in englischer Fassung (1960) *The Gadarene Club* (in Polen *Małżeństwa w Phillipsburgu*, was eine buchstäbliche Übersetzung ist). Der Roman von Max Frisch *Mein Name sei Gantenbein* wurde 1967 als *A wilderness of mirror* herausgegeben, in Polen als *Powiedzmy, Gantenbein* (Sagen wir, Gantenbein). Der Roman *Dziurdziowie* von Eliza Orzeszkowa wurde im Deutschen *Die Hexe* (1982). betitelt (keine englische Übersetzung vorhanden). *Pornografia* von Witold Gombrowicz wurde in Deutschland zuerst 1960 als *Verführung* verlegt, dann später unter dem buchstäblich übersetzten Titel *Pornographie*. Die 1994 in Großbritannien erschienene Übersetzung behält die polnische Titelformel bei; das Buch heißt *Pornografia: a novel*. Die gleiche Strategie gilt auch beim Roman *Trans-Atlantyk*, der ebenfalls 1994 unter seinem polnischen Titel erschien (in Deutschland als *Trans-Atlantik*).

Bolesław Prus' *Placówka* (wörtlich: *Vorposten*) bekam in deutscher Übersetzung (1947) den Titel *Der Bauer Slimak. Ein Kulturroman aus dem polnischen Siedlungskampf*. Die englische Übersetzung bleibt aus. Die Erzählung *Grzechy dzieciństwa* (Sünden der Kindheit) desselben Autors heißt auf Deutsch *Der Nichtsnutz und die Mädchen* (1960), während die englische Fassung den Originaltitel kalkiert: *The sins of childhood* (1960).

Der Roman *Kordian i cham* von Leon Kruczkowski heißt in deutscher Fassung *Rebell und Bauer* (englische Fassung fehlt). Andrzej Szczypiorskis Roman *Początek* (buchstäblich: *Anfang*) ist in Deutschland als *Die schöne Frau Seidenmann* bekannt, in Großbritannien entsprechend als *The beautiful Mrs. Seidenmann*. Der Roman *Dolf der Burenheld. Gefahren und Erlebnisse eines jungen Deutschen im jüngsten Burenkrieg* ist in Polen (1900) unter dem Titel *Bohater spod Spionskopu* erschienen (Rückübersetzung: *Der Held von Spionskop*). *Deutsches Märchenbuch* von L. Bechstein trägt in der polnischen Fassung (1902) den Titel *Bajki i powiastki* (Rückübersetzung: *Märchen und Erzählungen*). Der Roman *Die hässliche Herzogin*

Margarete Maultasch von Lion Feuchtwanger wurde in Polen (1949) *Ludzkie serce* betitelt (Rückübersetzung: *Menschliches Herz*). Der Tagebuchroman *Aus dem Leben des Generals Heinrich von B.* von H. Brandt wurde dem polnischen Leser (1904) als *Pamiętnik oficera polskiego* (Rückübersetzung: *Tagebuch eines polnischen Offiziers*) vorgelegt. Der Roman von J. Bahre *Der Dicke und ich* heißt in der polnischen Fassung (1982) *Ten drugi* (Rückübersetzung: *Der andere*). Der Roman *Die Blendung* von E. Canetti bekam in Polen (1966) sowie in Großbritannien den Titel *Auto da fe* (Rückübersetzung identisch). Der Titel von H. Fallada *Wer einmal aus dem Blechnapf frisst* wurde als *Czyż nie ma powrotu* (1958) übersetzt (Rückübersetzung: *Gibt es denn keine Rückkehr?*). Der Roman *Die verschleierte Frau* von H. Curtius-Mahler ist 1990 in Polen unter dem Titel *Sinobrody* erschienen (Rückübersetzung: *Blaubart*).

In allen Fällen besteht ohnehin die Möglichkeit, den Titel rein linguistisch zu übertragen, worauf der Übersetzer also manchmal verzichtet. Die Entscheidung, die Titelformel umzuändern, lässt sich manchmal aus dem Polysystem der Gastkultur hypothetisch begründen. Augenfällig ist zum Beispiel die Vermeidung des expliziten Ausdrucks des Deutschen am Anfang des 20. Jahrhunderts (bei *Deutsches Märchenbuch*, *Aus dem Leben des Generals Heinrich von B.* und *Dolf der Burenheld*), was in der Zeit der Dreiteilung Polens und der Präsenz zweier deutschsprachiger Besatzungsmächte auf dem Landesgebiet (Österreich und Preußen) verständlich war.

Der Versuch der Ästhetisierung einer sprachlich grob geschnittenen Formel ist im Fall von *Wer einmal aus dem Blechnapf frisst, Der Dicke und ich*, sowie *Die hässliche Herzogin Margarete Maultasch* zu vermuten. Die Ersetzung der weiblichen durch die männliche Titelfigur im Fall des Curtius-Mahler-Romans hebt den Eindruck auf, dass hier eine Frau über eine Frau, in der Konsequenz wohl auch für eine Frau geschrieben hat. Bei *Ehen in Phillipsburg, Mein Name sei Gantenbein, Dziurdziowie* und *Kordian i cham* wurde jeweils der Verfremdungseffekt eines fremdsprachigen Eigennamens entfernt.

In den folgenden Unterkapiteln werden gewählte Titelfiguren der Werke von Grass analysiert, im Anschluss erfolgt eine Untersuchung gewählter semantischer Figuren. Dabei gilt es auch, die These von der Parallele zwischen Poetik des Titels und Poetik der ganzen Übersetzung zu verifizieren.

4.1.1. Die Blechtrommel

Die Titelformel benennt das Lieblingsspielzeug des Protagonisten Oskar, das im Roman eine symbolische, destruktive und expressive Funktion erfüllt. Durch Trommeln manifestiert Oskar seine Distanz zu der umgebenden Wirklichkeit; sie wird zur Distanz eines eifrigen Beobachters, der mit der Sinnlosigkeit des Trommelns auf die Sinnlosigkeit des äußeren Geschehens reagiert. Für Sinn- und Wertloses, zugleich aber Unechtes, Unwahres gibt es im Umgangsdeutsch die Bezeichnung *Blech*. Die Aufforderung, „kein Blech zu erzählen", gleicht der Aufforderung zur Aufgabe des Unsinns. Oskars Blechtrommel lässt Blech mit Blech zusammenstoßen: dem Unsinn der Geschichte antwortet der Unsinn des Begleitkommentars.

In diesem Sinn äußert sich Peter Hornung:

> Eine Rebellion wurde „Die Blechtrommel" des Günter Grass genannt. Dem kann ich nur zustimmen, allerdings in einem anderen Sinne: Sie ist eine Rebellion des Schwachsinns und des erzählerischen Unvermögens, die in klinischen Phantasmagorien endet (nach Neuhaus 1997: 110).

Auf die metaphorische Rolle des Stoffes, aus dem Oskars Schlaginstrument angefertigt ist, macht Reich-Ranicki aufmerksam:

> „Das Knallen", das ihm unendliche Freude bereitet, ist nur Trommelei, und die Trommel ist aus Blech. Die Echtheit der Aggressivität wird oft in Frage gestellt und die Auseinandersetzung mit der Zeit wird von Spielereien und Schaumschlägereien verdrängt (nach Neuhaus 1997: 151).

Unter dem Titel *Blech getrommelt* hat H. L. Arnold (1997) eine Sammlung von Aufsätzen zum Werk von Grass herausgegeben. Diese konnotative Bedeutung von *Blech* ist im polnischen Sprachgebrauch nicht, im Englischen hingegen nur partiell vertreten: *tin* kann nämlich als Attribut die Bedeutung von *unecht, falsch* haben. Im Endeffekt ist die von Reich-Ranicki angesprochene Symbolik von Blech auch in der englischen, nicht aber in der polnischen Titelformel spürbar.

Bemerkenswert ist dabei, dass im Korpus der englischen Übersetzung auf den Namen *tin drum* weitgehend verzichtet wurde. An den Stellen, wo das Instrument im Originaltext als *Blechtrommel* (z. B. 34,35), *Trommel* (z. B. 117,143) oder *Blech* (z. B. 91,125) bezeichnet wird, erscheint meistens bloß das Nomen *drum (z.b. 32, 59),* gelegentlich *toy drum* (Spielzeugtrommel, z. B. 33, 93), *instrument* (z. B. 63) und einmal *tin instrument* (125). Im ersten Buch des Romans tritt nur die Pluralform *tin drums* auf (z. B. 129). Im zweiten Buch erscheint drei Mal auch die Singularform:

> There was no more substitute then than there is now; **a tin drum** adorned with red flames on a white field speaks for itself and no one can speak for it (163).

> ... renouncing all the treasures of the world, my mind was set unswervingly on **a tin drum**, lacquered red and white (179).

> What Oskar wanted [...] was to make Kurt a permanently three-year-old drummer, as though it were not just as nauseating for a young hopeful to take over **a tin drum** as to step into a ready-made grocery store (272).

In allen Fällen, wo das Instrument als *tin drum* bezeichnet wird, ist die Idee der Blechtrommel im platonischen Sinn gemeint und nie das konkrete Schlagzeug Oskars.

Kennzeichnend für den gesamten englischen Romantext, ist auch der totale Verzicht auf die Metonymie *tin*. Eine hohe Frequenz des Gebrauchs der Instrumentbezeichnung im Original und dementsprechend in der Übersetzung schließt die Zufälligkeit der Übersetzerentscheidung aus und lässt den Verzicht auf die attributive, sowie metonymische Verwendung von *tin* als zielgerichtete Strategie einer Textmanipulation qualifizieren. Ziel dieser Strategie könnte es sein, eine Anmerkung, wie die oben angeführte Kritik von Reich-Ranicki, für das Romanganze nicht gelten zu lassen, dem Protestinstrument und dem Protest selbst Glaubwürdigkeit zu verleihen. Die französische Fassung der *Blechtrommel* ist unter dem Titel *Le tambour* (1961) erschienen; hier wurde die attributive Bedeutung von *Blech* (franz. *tole*) bereits von der Titelfigur entfernt.

Beachtenswert ist nämlich, dass in der oben angeführten Textpassage die Verbindung *tin drums* im Plural steht und somit nicht das konkrete, jeweils von Oskar benutzte Instrument meint, sondern die Klasse ähnlicher Gegenstände verallgemeinert. Dies erscheint umso aufschlussreicher, als es sich bei allen drei anderen Fällen, wo der Name des Schlaginstruments im ersten Buch des Romans erscheint, um eine Pluralform handelt (154, 155).

Im dritten Teil der Danziger Trilogie, dem Roman *Hundejahre*, tritt Oskar als Randfigur auf. Sein Instrument, obwohl präsent, steht nicht mehr im Rampenlicht der Geschehnisse; auf die Echtheit oder Falschheit seines Trommelns scheint es nicht mehr anzukommen. Der Name des Schlaginstruments, Blechtrommel, wird nun in *Dog years* – der Vorlage getreu – jeweils als *tin drum* wiedergegeben (650, 663, 666, 700, 747), was die Hypothese von der Attributsreduktion als Übersetzerstrategie im Fall der *Blechtrommel* bestätigt. Auch der metonymische Gebrauch von *Blech* wird in der englischen Fassung der *Hundejahre* kopiert (637,721), was den bewussten Verzicht auf die Metonymie in *The tin drum* belegt.

Die polnische Formel des Titels, *Blaszany bębenek*, ist ein Diminutivum und erfasst somit die Dimensionen des Kinderspielzeugs. Der Übersetzer selbst ist der Meinung, dass der Romantitel keine Schwierigkeiten bereite und kaum anders wiedergegeben werden könne (Błaut 1999: 220), wobei er jedoch – zumindest was die linguistische Ebene anbetrifft – Unrecht hat. Das Lexem *bębenek* erweitert zugleich, viel stärker als es bei dem deutschen Originaltitel und in der englischen Übersetzung der Fall ist, das konnotative Feld um einen weiteren Wert: es meint nämlich das Trommelfell, das bekanntlich gegen Lärm empfindlich ist. In das Assoziationsfeld tritt das Bild eines unempfindlichen Trommelfells, das abgehärtet ist gegen die Lautstärke, die in der Prosa von Grass auf Oskars Blechtrommel hergestellt wird. In diesem Sinn ist neben der *Konservation* auch eine *Fabrikation* festzustellen.

Auch im englischen Sprachsystem ist die Parallele zwischen *drum* (Trommel) und *ear drum* (Trommelfell) präsent. Jedoch ist es nicht die polnische, sondern die englische Romanfassung, in der der Übersetzer an einer Stelle von der linguistischen Parallele zwischen Trommel und Trommelfell kreativen Gebrauch macht. Im Original heißt es:

> ... dass niemand es wagte, mir meine Trommel, die ihm die Ohren welk werden ließ, wegzunehmen... (1999: 46f),

In der englischen Wiedergabe:

> ... that no one dared to take away the drum that was destroying his eardrums. (46)

Rückübersetzung: *dass niemand wagte, die Trommel, die sein Trommelfell zerstörte, wegzunehmen.* Insofern liegt eine *Fabrikation* vor.

Im Polnischen ist an der Textstelle zu lesen:

> ... że nikt nie miał odwagi odebrać mi bębenka, choćby mu uszy puchły (1984: 61),

Rückübersetzung: *dass niemand den Mut hatte, mir die Trommel wegzunehmen, auch wenn ihm die Ohren schwellen sollten.*

Die angeführten Beispiele beweisen, dass die symbolische Titelfigur der Blechtrommel nicht konsequent als semantische Figur in das Textganze der Übersetzungen eingeführt wird.

Darüber hinaus scheinen nur die beiden Titelübersetzungen, die englische wie die polnische, rein linguistischer Art zu sein. In der Tat eröffnen sie jeweils neue, im Original nicht vorgegebene Konnotationsfelder, die durch eine alternative Wahl der Titelformel hätten ausgeschaltet bzw. beschränkt werden können: dies gilt zum Beispiel für den verfügbaren, jedoch nicht gewählten polnischen Ausdruck *Blaszany bęben* sowie für die englische Formulierung *A drum of tin*. Nur ist es, wie Hermans zu Recht bemerkt, äußerst schwierig, die bewussten und souveränen Entscheidungen des Übersetzers von anderen Faktoren zu unterscheiden, die auf die Finalgestalt der Übersetzung Einfluss hatten (Hermans 1999).

4.1.2. Katz und Maus

In den beiden Gastkulturen, der englischen und der polnischen, ist die Symbolik der Konfiguration von Katze und Maus die gleiche. Einerseits handelt es sich um den Jäger und seine begehrte Beute, deren natürliches Verhältnis auf den Tod ausgerichtet ist, was ewige Flucht und ewige Verfolgung beinhaltet. Andererseits ist in allen drei Sprachkulturen eine domestizierte Form dieses Urverhältnisses bekannt, das im Deutschen als Katz-und-Maus-Spiel bezeichnet wird, ein Handlungsmodus, deren Sinn wiederholtes, spielartiges Erwecken falscher Hoffnungen bei dem Anderen ausmacht, die nie in Erfüllung gehen. Jedoch funktioniert im deutschen Sprachgebrauch das Wort *Katz* nicht autonom, unabhängig von seinem figürlichen Pendant *Maus*, sondern es ist nur als Bestandteil des Idioms vertreten. Wenn sich auch die Literaturwissenschaftler in Anlehnung an Grass des Nomens *Katz* bedienen, tun sie es in Bezug auf die Metapher der Katz und Maus.[48] Folgerichtig geht die erste Assoziation des deutschen Lesers eher in die Richtung des Spiels, das zwischen dem Erzähler Pilenz und seinem Schulkameraden Mahlke ausgetragen wird.

In der polnischen Sprachkultur wird das Katz-und-Maus-Spiel als *zabawa w kotka i myszkę* bezeichnet und beide Tiernamen sind dabei Diminutiv-

---

48 So zum Beispiel Sabine Moser: „"... so birgt Katz und Maus doch über den Zeitbezug hinaus eine Parabel der ewigen Schuld [...] der Jäger gegenüber den Gejagten, der Katz gegenüber der Maus" (2000: 61) und Volker Neuhaus: „In der einzelnen Katz und der einzelnen Maus sind so zugleich immer die ‚ewige Katze' und die ‚ewige Maus' anwesend" (1992: 69).

formen. Die metaphorische Figur besteht aus zwei gleichberechtigten Elementen, zwei Spielpartnern, das Bild ist dynamisch, mit viel Bewegung darin. Jedoch lautet der polnische Titel *Kot i mysz* (Katze und Maus), und beide Lexeme sind dabei Grundformen, was wiederum die erste Leserassoziation eher mit dem Jäger-Beute-Verhältnis herbeiführt. Die Katze wird zur Figur und dominiert das statische Bild mit der Maus im Grund. Die Katze wird zum Inbegriff der Gefahr.

Es ist anzunehmen, dass der Übersetzer das Spielerische der Handlungsgeschehnisse nicht in den Vordergrund rücken will, was im Original von Grass der Fall ist. Der mutmaßliche Grund dafür ist die Angst vor möglicher Bagatellisierung und Trivialisierung des Leitmotivs, das sich aus der Gesamtheit des Schaffens von Grass, insbesondere vor dem Hintergrund seiner Sicht der Geschichte, anders verstehen lässt als unabhängig davon. Im Jahre 1963, als der polnische Leser *Katz und Maus* in übersetzter Fassung in die Hand bekam, lag die polnische Version des 1959 in Deutschland erschienenen und dem deutschen Leser bekannten Romans *Die Blechtrommel* noch lange nicht vor.[49] Der Übersetzer ist demzufolge zu Recht bemüht, den Ernst der Kriegsproblematik zu wahren, die im Polen jener Zeit ein brenzliges und lebendiges Thema war. Im Endergebnis liegt eine *Reduktion* der semantischen Figur vor.

Der englische Übersetzer hat es leichter. Im englischen Sprachgebrauch werden keine neuen Derivate der Grundsubstantive bei metaphorischer Bedeutung der Symbolik von Katze und Maus eingeführt; die Formel bleibt in beiden Fällen konstant. So lautet der englische Titel *Cat and mouse,* wobei das Assoziationsfeld des Rezipienten dasjenige des deutschen, sowie dasjenige des polnischen Lesers erfasst. Der Verzicht auf jegliche Explikation und die Beibehaltung des Doppelsinns der Titelfigur, sorgt für zusätzliche Spannung und dient der Einbeziehung des Lesers im Sinn von Iser. Die semantische Figur weist *Konservation* auf.

---

49 *Die Blechtrommel* ist in Polen erst im Jahre 1983 in der Übersetzung von S. Błaut erschienen.

Aus der obigen Analyse geht hervor, dass bereits der erste Kontakt des Lesers mit dem Text, nämlich der allererste Blick auf die Titelseite, in den drei Kulturen unterschiedliche Verständnisimpulse generiert. Es wird Erwartungsspannung unterschiedlicher Art erzeugt, die an unterschiedlihen Leerstellen des Textes nach Entladung trachtet.

4.1.3. Hundejahre

Das Lexem *Hunde-* hat im Deutschen zwei Grundbedeutungen; im buchstäblichen Sinn bezieht es das Grundformativ auf den Hund, im übertragenen Sinn ordnet es dem Grundformativ das Attribut *elend, miserabel* zu. Hinzu kommt eine Variation der erstgenannten Bedeutung: Ein Hundejahr als Zeiteinheit, ein Lebensjahr eines Hundes, entspricht ungefähr sieben Jahren des Menschenlebens. Diese Relation wird an zwei Stellen im Roman erwähnt: *Ein zehnjähriger Rüde entspricht einem siebzigjährigen Mann* (686). *Da ist Ihrer, mit elf Hundejahren, macht siebenundsiebzig Menschenjahre, noch ein Jüngling dagegen* (804).

Sonst erscheint im Romantext die Nominalbildung *Hundejahre* – als figurative Verstärkung des Lexems Jahre – ziemlich spärlich und bloß als Temporalbestimmung: *hundejahrelang* (627), *seit Hundejahren* (796, 855), *vor soundsoviel Hundejahren* (859, 864), *im Hundejahr siebenundvierzig* (864). Es sind die Jahre, die sich in die Länge ziehen, Jahre, die mehrfach zählen, alles in allem: schwierige Jahre.

Zu der Mehrdeutigkeit der Titelformel Hundejahre äußert sich Manfred Durzak wie folgt:

> Hundejahre wird als Titel von Grass bewusst doppeldeutig verwendet, nämlich einmal als Ausdruck, der eine miserable Zeitepoche charakterisiert, und zum anderen, wörtlich genommen, als Biographie eines bestimmten Hundes, nämlich des Führerhundes Prinz. Hundejahre scheint also die Giftzwerg-Perspektive Oskar Matzeraths gewissermaßen zu wiederholen: Darstellung der Zeitgeschichte aus dem Blickwinkel eines Hundes. In der Tat hat Grass mit dem Führerhund Prinz eine Art von leitmotivischen Zeichen geschaffen, das die drei Bücher

des Romans auch auf der Handlungsebene miteinander verbindet. Die Geschichte von Harras, Prinz' Hundevater, steht im Mittelpunkt des ersten Buches, Prinz erscheint im zweiten Buch, diesmal äußerlich auf höchster politischer Ebene, nämlich als Lieblingshund des Führers; beim Zusammenbruch Berlins flieht er aus dem Führerbunker, wird schließlich von Matern gefunden und ist im dritten Buch dessen treuer Begleiter. Die in Form einer literarischen Montage unzählige Male eingefügte Hundegenealogie von Prinz, die Grass bewußt als Parodie alttestamentarischer Urvätergenealogien verfaßt hat, ist offensichtlich intendiert als ironische Parallelisierung von Hundegeschichte und politischer Geschichte, die eben in der Gleichsetzung relativiert werden (Durzak 1979: 285).

Der polnische Titel lautet *Psie lata*. Diese Formel ist durch die beiden semantischen Werte gekennzeichnet, die im Original enthalten sind. So bedeutet das Attribut *psie* in der Verbindung *psie pieniadze* (buchstäblich: Hundegeld) *dürftiges, knappes Geld*. Mit *psie wyścigi* ist jedoch *Hunderennen* gemeint. Deswegen darf auch konstatiert werden, dass die polnische Titelfigur derjenigen des Originals in deren Mehrdeutigkeit, voll entspricht. Es hat eine *Konservation* der Titelfigur stattgefunden.

In dem englischen Titel *Dog years* sind die semantischen Implikationen des Originals auch enthalten. Das Nomen *dog* kann das bezeichnete Lexem auf den Hund beziehen oder gleichbedeutend sein mit dem Attribut *unbefriedigend, unzureichend*. Zusätzlich liegt jedoch eine direkte linguistische Parallele zum Ausdruck *dog days* vor, mit dem im englischen Sprachgebrauch *Hundstage* gemeint sind: die gewöhnlich heißesten Tage des Jahres, an denen sich die Sonne im Sternzeichen des Großen Hundes befindet (Juli/August).

Die Möglichkeit, die Interpretation des englischen Titels in Bezug auf Sternzeichen auszurichten, ist im Fall der Rezeption von Grass nicht zu unterschätzen. In seiner Prosa liegen zahlreiche Angaben zu Sternbildern vor, die seine Protagonisten prägen und schicksalhaft begleiten: Oskar Matzerath kommt unter *Jungfrau* zur Welt, das Sternzeichen seiner Mutter Agnes ist *Löwe*, Walter Matern ist vom *Widder* geprägt, seine vermeintliche Tochter vom *Löwen* (830), Eduard Amsel begleiten *die Fische,* Inge Sawatzki *der Krebs (832).*

Der Glaube an eine schicksalhafte Beeinflussung des individuellen Lebens durch die jeweilige Sternkonstellation gehört in den Bereich des Irrationalen; die Philosophie hat dafür den Namen der Metaphysik geprägt, die in Heidegger ihren berühmtesten deutschen Vertreter gefunden hat. Auf der universalen Ebene der Völkerentwicklung entspricht der Metaphysik der Hegelschen Auffassung der Weltgeschichte, in der ein Weltgeist seinen Ausdruck findet.

Die beiden Philosophen, Heidegger und Hegel, werden von Grass angegriffen. In *Hundejahren* wird die Sprache Heideggers parodiert (Majkiewicz 2002). Die Sicht der Geschichte als kausale, rationale Folge von Geschehnissen wird von Grass permanent angegriffen, sowohl in seinem Werk, als auch in Interviews und Essays (Wille 2001).

Die Verantwortung des Einzelnen für die „Hundejahre" des Naziterrors, die individuelle Schuld des Betroffenen – somit der eigentliche Themenkreis des Romans – wird bei derartiger Ausrichtung der Interpretation zu einer metaphysischen Frage der Einflüsse des symbolischen Großen Hundes parodiert, zumal es der schwarze Hund Harras ist, den Matern als Nazi ausschimpft und tötet. In diesem Sinne trägt der englische Romantitel Züge einer *Fabrikation.*

4.1.4. Unkenrufe

Mit *Unkenrufen* sind im Deutschen Sprachgebrauch böse Prophezeiungen gemeint. Am häufigsten tritt dieser Ausdruck in der Formel *den Unkenrufen zum Trotz* auf[50], womit ein guter Ausgang einer Geschichte trotz Hindernissen bzw. Warnungen gemeint ist. Dies umreißt auch das wichtige

---

50   In seinem Buch *Der Dichter im Schussfeld* vermerkt Timm Boßmann, dass sich der Roman *Ein weites Feld* von Grass *allen Unkenrufen zum Trotz* gut verkaufte (1997: 7).

konnotative Feld des deutschen Lesers. Das Wort *Unke* allein ist – so die Ergebnisse meiner kleinen Umfrage – nicht jedem Deutschen in seiner autonomen Bedeutung, als Synonym der *Feuerkröte* bekannt. Man will eher mit dessen übertragenem Sinn vertraut sein: auf den Namen *Unke* kann – in Anlehnung an *Unkenrufe* – ein böser Prophet getauft werden. Diese Symbolik des Titels wird im Roman selbst auf multiple Art und Weise verstärkt. Es ist von wirklichen Unken und deren Stimmen die Rede (105,106,121,134). Der metaphorische Sinn der Unkenrufe wird direkt herangezogen (109,120). Für den Protagonisten Reschke erfinden seine Studenten den Spitznamen *Unke* (88).

In dem polnischen Idiom entspricht der Symbolik der Unkenrufe das Krähen (poln. *krakanie*) einer Krähe. Jedoch müsste bei einer entsprechenden funktionalen Substitution das semantische Transem berührt werden, das im Originaltext durch Erscheinen natürlicher Unken mitkonstruiert wird. Der Übersetzer entscheidet sich für die Formel *Wróżby kumaka* (Prophezeiungen einer Unke), wobei die Komponente des Bösen verloren geht. Das Lexem *wróżby* meint zukunftsbezogene Prophezeiungen und eröffnet gewöhnlich das Assoziationsfeld des Karten- oder Handlesens. Das Nomen *kumak*, ähnlich wie sein Vorbild *Unke*, gehört nicht zu dem lexikalischen Repertoire eines Durchschnittspolen, kann jedoch ziemlich einfach durch seine onomatopoetische Prägung erschlossen werden: es ist mit dem Verb *kumkanie* verwandt, das im Polnischen den Laut der Froschstimmen ausdrückt.

Die semantische Figur der Prophezeiungen einer Unke, im Polnischen ohne jeglichen metaphorischen Inhalt, mutet durch die Personifizierung des Tieres märchenhaft-idyllisch an; in dieser Richtung wird die Vorstellungskraft des Lesers aktiviert. Der polnische Übersetzer verwendet das Nomen *kumak* als Äquivalent für Unke sehr konsequent: in der Titelfigur, in den Szenen mit lebendigen Fröschen, sowie in der figürlichen Bedeutung als Spitz- bzw. Schimpfname. Die Metapher ist insgesamt unverständlich.

Infolge der semantisch-pragmatischen Verschiebung innerhalb der Titelfigur leidet ein wichtiges Strukturelement des Romans, nämlich eine Parallele zwischen dem äußeren Lauf der Handlungsgeschehnisse und der natürlichen pessimistischen Veranlagung des Protagonisten Reschke, der in seiner Partnerin einen komplementären Widerpart findet. Im deutschen Original erfährt die Handlung eine novellenartige Wende: den Unkenrufen zum Trotz scheint zuerst das gemeinsame Bestattungsgeschäft der Protagonisten – dessen tragende Idee die Rückkehr der Opfer der Geschichte zum Heimatboden war – erfolgreich zu sein, um später in die Negation der ursprünglich noblen Idee auszuarten und die beiden im gemeinsamen Tod endgültig zu vereinigen. Der Wendeeffekt bleibt in der polnischen Fassung aus, weil das Element des Trotzes keinen Eingang in den Romankorpus gefunden hat. Die semantische Figur ist dementsprechend durch eine *Reduktion* gegenüber dem Original gekennzeichnet.

Der englische Übersetzer entscheidet sich für eine beinahe philologische Übertragung, indem er der englischen Romanversion den Titel *The call of the toad* verleiht. Als Synonyme der Unke sind im englischen Lexikon auch die Einträge *croaker* und *moaner* vertreten, die jedoch als zweisilbige Wörter den Rhythmus der Titelformel stören würden. Es gibt keinen linguistischen Grund, warum der Singular in diesem Fall den Plural des Originaltitels ersetzen sollte. Die Unke (the toad) wird hier offenbar zu einer übergreifenden, fremden Symbolfigur verdichtet, die – dem semantischen Inhalt des englischen Lexems *toad* entsprechend – Unangenehmes bis Verhasstes verkündet; denn als *toad* kann im englischen Sprachgebrauch eine verschmähte Person bezeichnet werden. Im Romantext heißt es deutlich, dass dies für das Verhältnis zwischen Reschke und seinen Studenten nicht zutreffen würde. Die jungen Leute finden den Professor *nicht unsympathisch, nur ziemlich altmodisch* (88).

Es ist jedoch anzunehmen, dass dieser Grund bei der Selektion keine Rolle spielte. Die Herstellung der negativen Konnotation wird nämlich nicht vermieden, wenn Piątkowska – in ihrer herzlichen Beziehung zu Reschke – ihn eines Tages als *Unke* bezeichnet, um seinen Pessimismus zu tadeln. *You big toad yourself* (104) formuliert sie in englischer Fassung. Der Romantitel exemplifiziert insgesamt als semantische Figur eine *Reduktion*. Der Spitzname des Protagonisten lautet in der englischen Parallelfassung nicht *toad* – was ein ablehnendes Werturteil mitbringen würde – sondern

Jeremiah (2000: 85). Der in Jerusalem tätige Prophet Jeremiah sagte den Fall der Stadt und die Sklaverei voraus und legte diese als Gottes Strafe für die Abkehr der Bevölkerung von Gott aus. Insofern wurde in der Übersetzung die Komponente eines Propheten des Bösen erfasst. Auch Reschke hat als Schüler in einer Zeichnung die Stadtzerstörung antizipiert (105).

Der Übersetzer erkennt den strukturellen Stellenwert der Parallele zwischen dem Ablauf der äußeren Handlungsgeschehnisse und dem Gemütszustand des Protagonisten; er greift auf eine Explikation des Begriffs zurück, die seinen Leser in die Lage versetzt, den Zusammenhang zu verstehen. Jedoch verleiht die Abstempelung als *Jeremiah* dem Protagonisten mystische Züge, die der eher joviale deutsche Ausdruck *die Unke* entbehrt. Der Name *Jeremiah* erfüllt die aufklärende Funktion: der kultivierte Leser kommt sofort dem Propheten in Reschke auf die Spur. Aber die Skepsis, mit der Grass z. B. das Thema der deutschen Wiedervereinigung angeht, läuft dadurch Gefahr, als gefürchteter Schicksalsschlag gedeutet zu werden.

Im Textkorpus erscheint das Bild einer Unke noch in einer anderen metaphorischen Bedeutung. Der Erzähler soll als Schuljunge eine Unke geschluckt haben, er berichtet:

> Er [sein Schulkamerad Reschke – L. W.] will gesehen haben, wie ich eine ausgewachsene Kröte, nein, Unke, Rotbauchunke geschluckt, ohne zu würgen verschluckt, runtergeschluckt habe, rein und weg, ohne Wiederkehr (37).

Zu diesem symbolischen Akt schreibt Sabine Moser: *Das Verschlucken der titelgebenden Unke ist mit Erfüllung des Auftrages gleichgesetzt* (2000: 153). Der Auftrag – äußerlich mit Verarbeitung des Nachlasses von Reschke identisch – verlangt vom Erzähler zugleich die Konfrontation mit seiner und der deutschen Vergangenheit: eine unangenehme und heikle Aufgabe, was in der Formel *eine Kröte schlucken* bereits anklingt, zumal diese Wendung öfter bei der Schilderung politisch schwerer Konzessionen verwendet wird.

Der englische Sprachgebrauch vermisst die figurative Bedeutung der buchstäblichen Übersetzung dieser Wendung. Die englische Wiedergabe erfasst dementsprechend nicht die Anspielung des Originals auf die Auseinandersetzung mit der Geschichte. Sie lautet:

> But he claims to have seen me swallow a full-grown toad, a redbellied toad, without gagging, swallow it a hundred percent with no returns (33).

Die *Reduktion* der semantischen Figur wird dadurch bestätigt.

Der polnische Sprachgebrauch verfügt mit *połknąć żabę* über eine semantische Entsprechung der deutschen Originalwendung *eine Kröte schlucken*, wobei *żaba* (Frosch) gegenüber der *Kröte* (poln. ropucha) eine Generalisierung darstellt. Dennoch entscheidet sich der polnische Übersetzer an dieser Stelle für eine buchstäbliche Wiedergabe und verspielt die Möglichkeit einer *Konservation* der semantischen Figur. Die polnische Übersetzung lautet:

> Ale on rzekomo widział, jak połknąłem dorosłą ropuchę, nie, kumaka, kumaka czerwonobrzuchego, nie dławiąc się, przełknąłem, zjadłem, na dobre, bez zwracania (31).

Rückübersetzt: *Er aber will gesehen haben, wie ich eine erwachsene Kröte, nein, geschluckt habe, nein, Unke, Rotbauchunke, ohne zu würgen, geschluckt, gegessen, für gut, ohne Wiederkehr.*

Das Ergebnis dieser Entscheidung ist als *Reduktion* der semantischen Figur zu bezeichnen.

4.1.5. Der Butt

Die Titelfigur des deutschen Originals ist ein großer Fisch, der – wie sein Urbild aus dem Märchen der Brüder Grimm – sprechen kann und dem Menschen seine Dienste anbietet. Der polnische Übersetzer geht philologisch vor, indem er der polnischen Fassung den Titel *Turbot* verleiht (im englischen Lexikon gibt es übrigens in dieser Bedeutung einen identischen Terminus). Bei *turbot* handelt es sich um ein nicht allgemein bekanntes und ziemlich seltenes polnisches Wort, das als Romantitel eher die Wirkung eines Verfremdungseffekts erzielt, keine Assoziation impliziert und Unbekanntes antizipieren lässt. Insofern tritt hier eine *Annihilation* auf.

Der englische Übersetzer gibt seiner Fassung den Titel *The flounder* und hält es für angebracht, seine Wahl in einer Anmerkung zu begründen. Er schreibt, es sei ihm klar, dass sachlich-terminologisch das Wort *turbot* als Äquivalent nahe liegen würde. Als ausschlaggebend für seine Entscheidung nennt er die Tatsache, dass der Fisch aus dem Grimm-Märchen in der englischen Fassung als *the flounder* bezeichnet wurde; um diese Begriffseinheit sei er bemüht (Grass 2000, Translator's Note). In diesem Sinn liegt hier eine *Amplifikation* vor.

Derselbe Märchenfisch heißt in der polnischen Kulturtradition *złota rybka* (Goldfisch), was eine Diminutivform ist und aus diesem Grund allein wegen der Größe des Grassschen Fisches nicht in Frage kommt. Darüber hinaus ist das polnische Substantiv *rybka* (Fischlein) ein Femininum, im Unterschied zu dem männlichen *Butt* aus dem deutschen Original, was vor dem Hintergrund des Themenkreises des Romans von ununterschätzbarer Bedeutung ist: Im Butt stellt der ewige Geschlechterkampf um die Macht die eigentliche Handlungsbasis. Der männliche Butt bietet erst den im matriarchalischen System unterdrückten Männern seine Hilfe „von Mann zu Mann" an. Sein Parteiwechsel in Form der Entscheidung, nach seiner Enttäuschung mit Männern Frauen zu beraten, stellt eine bewusste Frontbeziehung dar, ein durchdachtes Manifest des Glaubens an Frauen. Wenn sich der Butt anschließend vor einem feministischen Tribunal verantworten muss, wird er von den Richterinnen als Verfechter der Männersache verurteilt. Demzufolge wäre es eine Zerstörung des Grundkonzepts des Romans, das Geschlecht der Titelfigur zu ändern.

4.2. Semantische Figuren der *Blechtrommel*

4.2.1. Oskar Matzerath

Der Ich-Erzähler der *Blechtrommel* ist Insasse einer Heil- und Pflegeanstalt. Als *fiktiver Augenzeuge und Personifizierung des Dritten Reiches, dessen Vorgeschichte und seiner Folgen* (Keele 1988: 11, Übersetzung L. W.) ruft er mit Hilfe seines Schlaginstruments Erinnerungen aus der Vergangenheit zurück, die er anschließend zweifach fixiert: mündlich, als Erzählungen für seinen Pfleger Bruno, und schriftlich, als seine Lebensgeschichte in Buchform. Zu Brunos Freude am Zuhören vermerkt der Erzähler im Original:

> Der Gute scheint meine Erzählungen zu schätzen, denn sobald ich ihm etwas **vorgelogen** habe, zeigt er mir, um sich erkenntlich zu zeigen, sein neuestes Knotengebilde (9, Hervorhebung L. W.).

Es ist Bruno, der Oskar mit weißem Schreibpapier versorgt, das im Original als *unschuldiges Papier* (10) bezeichnet wird. Die Lexeme *vorlügen* und *unschuldig* sind Schlüsselbegriffe für die Bestimmung der Erzählperspektive sowie der Ausgangssituation des Erzählers:

> Das Verb **vorlügen** (to tell lies) im vierten Satz enthüllt, dass sein Erzählen, zuerst mündlich Bruno vorgetragen und dann auf „**unschuldigem**" Weißpapier aufgeschrieben, voller Ausflüchte ist. Jedoch ist er durch seine Schuld motiviert, ziemlich viel selbstbelastende Wahrheit zu erfassen, dass er meint, seine Bekenntnisse schreiben zu müssen ohne dass sein Anwalt oder sein Freund Klepp, der ihn auch zu befreien versucht, davon erfahren. Die beiden würden es mit Sicherheit für gefährlich halten, Oskar mit Weißpapier zu versorgen (Keele 1988: 11, Übersetzung und Hervorhebung L. W.).

Es ist bemerkenswert, dass der oben zitierte Alan Keele in seinen Analysen auf die Originalformulierung, sowie die eigene, wortwörtliche Übersetzung von *vorlügen* und *unschuldig* zurückgreift. Keines der beiden Wörter wurde nämlich von Manheim wortwörtlich ins Englische übertragen: Das Verb *vorlügen* wird durch die Phrase *to tell fairy tales* (Märchen erzählen) wiedergegeben, das weiße Schreibpapier hingegen führt das Attribut *virgin* (jungfräulich). Der Erzählvorgang gewinnt dadurch harmlose Züge des Fabulierens, verliert aber diejenige Distanz zum Geschehen und das Kalkül, die einer zielgerichteten Lüge zu Eigen sind. Das Attribut *virgin* eröffnet hingegen ein konnotatives Feld, das in der Vorlage nicht direkt linguistisch vorgegeben ist: Oskar wurde nämlich im Sternzeichen der Jungfrau, englisch: *Virgo*, geboren (34), und versucht sich nun im Medium jungfräulichen Papiers zu seiner Schuld zu bekennen. In dieser Hinsicht liegt hier eine *Fabrikation* vor.

In der polnischen Fassung wird die Lüge weder verharmlost noch beschönigt, dafür stilistisch trivialisiert; die oben angeführte Textpassage lautet:

Poczciwiec ceni widać moje opowieści, bo gdy tylko mu coś nałgam, pokazuje mi, żeby się odwdzięczyć, swoją najnowszą kompozycję z suplów (9)

In der Rückübersetzung: *Der Gute schätzt offenbar meine Erzählungen, denn sobald ich etwas geflunkert habe, zeigt er mir, um sich kenntlich zu zeigen, seine neueste Komposition aus Knoten.*

Das Attribut des weißen Schreibpapiers, *unschuldig*, wurde ins Polnische mit einer genauen Entsprechung des englischen Adjektivs *virgin* wiedergegeben; das Attribut lautet *dziewiczy* und verursacht keine linguistische Assoziation mit dem Namen des Sternzeichens *Jungfrau* (das im Polnischen *panna* heißt, in deutscher Übersetzung: *Fräulein*). Insofern ist hier eine *Konservation* der semantischen Figur zu verzeichnen.

Nach dem Spaziergang zur Hafenmole und der Begegnung mit Kadaveraalen – dem Ereignis, das im Endeffekt zum Tod von Agnes Matzerath führte – fängt Oskar an, seine Mutter als seine *arme Mama zu bezeichnen* (Kartenhaus, Anfang). Das Attribut *arm*, auf einen Menschen bezogen, verleiht der sprachlichen Äußerung Emotionalität, indem es Mitgefühl bis Mitleid ausdrückt. Insofern bewahrt Oskar – von der Kritik oft als Monstrum und Ungeheuer (Nolte, nach Neuhaus 105,107), als mitleidlos und grausam (Kaiser, nach Neuhaus 112f.) abgestempelt – in diesem Augenblick menschliche, psychologisch begründete und nachvollziehbare Züge. In der englischen Übersetzung wird jedoch das Attribut *poor* (arm) in der Begräbnisszene konsequent vermieden, was zu einer *Reduktion* der semantischen Figur führt. Die entsprechenden Satzpaare lauten wie folgt:

... auf dem kleinen Friedhof Brentau wurde meine arme Mama beerdigt (123)

My mama was [...] burried [...] in the peaceful little cemetary at Brentau (124)

Als die Männer den Sargdeckel hoben und das gleichviel entschlossene wie angewiderte Gesicht meiner armen Mama zudecken wollten ... (124)

When the men picked up the coffin lid with a view to shutting in my mama's nauseated yet resolute face ... (124)

Der Sarg meiner armen Mama war schwarz (124)

My mama's coffin was black (125)

Das Aussparen des Attributs arm – an drei konsekutiven Textstellen sehr unwahrscheinlich als Versehen, somit mit großer Wahrscheinlichkeit als Übersetzerentscheidung einzustufen – untersagt Oskar die psychologisch motivierte Gefühlsregung bei der Bestattung eines nahestehenden Menschen. Infolge dieser Reduktion wird das Monströse und Ungeheure an Oskar multipliziert, der sich durch die vereinfachte Stilistik seiner Äußerung noch mehr von dem Trauergefolges abhebt.

Auf der anschließenden Totenfeier, wo sich die Anderen von ihrem Trauergefühl ablenken lassen, fährt Oskar fort, an die Verstorbene als seine *arme Mama* zu denken, die dieses Mal auch in der englischen Fassung seine *poor mama* (128) genannt wird. Durch diese zeitliche Verschiebung wird das werkimmanente Konzept von Oskars Gemüt manipuliert, der laut Selbstaussage ganz bestimme Augenblicke als Anlass ansieht, einen Menschen als arm zu bezeichnen:

> Genau wie meine Mama durch einen Familienspaziergang zur Hafenmole zu meiner armen Mama wurde, wurde der Geldbriefträger Viktor durch den Verlust seiner Brille – es spielten auch andere Gründe mit – zum armen, brillenlosen Viktor (176).

Durch diese Differenzierung der Übersetzerentscheidungen erscheint im Gedankenstrom des Protagonisten ein Umbruch, der den Kontrast zwischen ihm und seinen Mitmenschen stärker markiert. Die polnische Übersetzung behält das Attribut *arm* überall dort bei, wo es auch in der Vorlage erscheint (165, 166, 171), was eine *Konservation* der semantischen Figur bedeutet.

4.2.2. Goethe und Rasputin

Im Kapitel *Goethe und das Alphabet* beschreibt der Ich-Erzähler seinen Weg zur Beherrschung der Schrift: Lesen lernt er auf Grund von zwei seinem Alter völlig unangemessenen Schriften, einem Buch über Rasputin und Frauen sowie Goethes *Wahlverwandtschaften*. Die Lektüre hat ihn für immer geprägt und seinen Standort bestimmt, und zwar:

> zwischen Goethe und Rasputin, zwischen dem Gesundbeter und dem Alleswisser, zwischen dem Düsteren, der die Frauen bannte, und dem lichten Dichterfürsten, der sich so gern von den Frauen bannen ließ (68).

In dieser Privaterfahrung Oskars spiegelt sich zugleich der Zustand des europäischen Bürgerbewusstseins wieder, das gerade im Begriff ist, einem Wahn zu unterliegen:

> Rasputin und Goethe, wie Beethoven und Hitler, deren Bilder einander quer über Matzeraths Wohnzimmer anschauen, stehen für die zwei

Pole der Seele von Oskar und Europa: Genie und Verrückter (Keele: 21, Übersetzung L. W.).

In der anfangs zitierten kontrastiven Reihe ist dem Originalautor Grass ganz eindeutig ein Irrtum passiert: dem erstgenannten Goethe entsprechen sachgemäß die an zweiter Stelle genannten Attribute. Der englische Übersetzer korrigiert und plaziert Oskar:

> between Rasputin and Goethe, between the faith healer and the man of Enlightment, between the dark spirit who cast a spell on women and the luminous poet prince who was so fond of letting women cast a spell on him (67).

Die polnische Fassung hält sich an die Buchstaben des Originals und transportiert den Irrtum; demnach ist Oskar gespannt:

> między Goethem a Rasputinem, między szamanem a wszechwiedzącym, między ponurakiem, który urzekał kobiety, a promiennym księciem poetów, który tak chętnie pozwalał się urzekać kobietom (90).

Es ist nicht auszuschließen, dass der Übersetzer den Originalfehler unbewusst kopiert. Möglich ist jedoch auch die Anerkennung des Buchstabens des Originals als oberstes Prinzip des Übersetzerhandelns.

Ein explikatorisches Vorgehen ist in den obigen Paralleltexten an den Übersetzungsvarianten der Attribute *Gesundbeter* und *Alleswisser* zu verzeichnen. Der Gesundbeter glaubt an irrationale Wirkungskräfte, der Alleswisser vertraut in überheblicher Weise seinem Verstand. Der absolute Glaube (Irrationalität, die in ihrer Extremausfertigung in Fanatismus umschlägt) wird dem absoluten Wissen (Rationalität, die im Extremfall in eine wüste Gefühllosigkeit mündet) gegenüber gestellt. In der englischen Fassung wird der *Gesundbeter* zum *faith healer*: das Element des Glaubens wird beibehalten, nur wird der Akteur Rasputin zum Therapeuten aktiviert. Der Kult des Verstands wird durch die Bezeichnung Goethes als *the man of the Enlightment* markiert. Die Gegenüberstellung von Glaube (Irrationalität) und Wissen (Rationalität) bleibt bestehen. Insofern kommt hier eine *Konservation* vor.

In der polnischen Fassung entspricht dem *Gesundbeter* das Lexem *szaman* (der Schamane), in dessen Assoziationsfeld zwar auch Irrationales erscheint, allerdings eher in der heidnischen Form von Magie und Aberglauben. Diese Konnotation wird zusätzlich bestätigt, indem der Alleswisser als *wszechwiedzący* (Allwissender), eines der Attribute des christlichen Gottes wiedergegeben wird. Die Konfrontation zwischen einem Schamanen und einem Allwissenden eröffnet eine Kluft zwischen *Götze* (Usurpator) und *Gott* (Herr) und lockert die Spannung zwischen Irrationalem und Rationalem auf. In der Konsequenz erscheint hier eine *Reduktion* der semantischen Figur.

In derselben Textpassage drückt Oskar seine Angst vor tödlicher Ablehnung durch Goethe aus:

> Der Goethe hätte, hättest du, Oskar, zu seiner Zeit getrommelt, in dir nur Unnatur erkannt [...] und dich armen Tropf wenn nicht mit dem Faust, dann mit einem dicken Band seiner Farbenlehre erschlagen (68).

In der englischen Übersetzung wird diese metaphorische Gefahr verharmlost:

> if you, Oskar, had lived and drummed at his time, Goethe would have thought you unnatural [...] he would have taken notice of you, poor devil, only to hit you over the head with Faust or a big heavy volume of his Theory of Colors (67).

Goethes imaginärer Kopfschlag wird somit zu einer metaphorischen Geste der Abweisung als ästhetische Missbilligung einer Ausgeburt stilisiert. Sorgfältig entfernt wurde jegliche weiterführende Verknüpfung mit der aggressiven Intoleranz der Andersartigkeit, die im Nazideutschland in der Ausrottung der Völker gipfelte. Die Übersetzerentscheidung stellt möglicherweise ein Versuch dar, das Bildnis von Goethe zu beschützen, ihn in keinem Fall als Paten des Menschenhasses auftreten zu lassen.

Die polnische Übersetzung verfolgt erneut die Richtlinie der Treue dem Original gegenüber:

Gdybyś ty, Oskarze, bębnił za jego czasów, Goethe widziałby w tobie jedynie wynaturzenie [...] a ciebie, biednego półgłówka, zabiłby jeśli nie Faustem, to grubym tomem swojej Nauki o barwach (90).

Dabei scheint keine andere Übersetzungsstrategie am Werk zu sein. Es liegt eine *Konservation* der semantischen Figur vor.

In der englischen Fassung des Kapitels *Glaube, Hoffnung, Liebe* wird noch einmal auf den Begriff *faith healer* zurückgegriffen, wodurch ein Bezug auf Rasputin hergestellt wird, der im Original nicht vorliegt. Nach den Verbrechen der Kristallnacht liefert Oskar Gedankenvariationen zu den biblischen Geboten, die er als Spruch auf einem Banner sieht. Im Original heißt es:

„Glaube-Hoffnung-Liebe" konnte Oskar lesen und mit den drei Wörtchen umgehen wie ein Jongleur mit Flaschen: Leichtgläubig, Hoffmannstropfen, Liebesperlen, Gutehoffnungshütte, Liebfrauenmilch, Gläubigerversammlung (152).

An dieser Stelle gibt es in der englischen Fassung eine interpretatorische Explikation:

"Faith ... hope ... love", Oskar read and played with the three words as a juggler plays with bottles: faith healer, Old Faithful, faithless hope, hope chest, Cape of Good Hope, hopeless love, Love's Labour's Lost, six love (155, Hervorhebung L. W.).

Die Einführung des Rasputin-Attributs in diese Reihe lässt Rasputin als Paten des falschen Glaubens erscheinen, der – therapeutisch angelegt und verkündet – Unheil und Tod herbeiführte.

Die Figur von Goethe, begleitet von Schiller, wird im englischen Romantext an einer Stelle eingeführt, an der sie im Original überhaupt nicht auftritt. Auf seinem Bummel durch die Stadt Danzig fühlt sich Oskar plötzlich durch den Anblick des Theatergebäudes gestört:

Der Kasten zeigte mit seiner Kuppel eine verteufelte Ähnlichkeit mit einer unvernünftig vergrößerten, klassizistischen Kaffeemühle, wenn ihm auch am Kuppelknopf jener Schwengel fehlte, der nötig gewesen wäre, in einem allabendlich vollbesuchten Musen- und Bildungstempel ein fünfaktiges Drama samt Mimen, Kulissen, Souffleusen, Requisiten und allen Vorhängen zu schaurigem Schrot zu mahlen (78).

In der englischen Fassung heißt es entsprechend:

This box with a dome on it looked very much like a monstrously blown-up neo-classical coffee mill. All the Temple of the muses lacked was a crank with which to grind up its contents, actors and public, sets and props, Goethe and Schiller, slowly but exceeding small (78).

Oskars Lust an Zerstörung, das Rasputinsche Düstere seiner Seele, richtet sich zunächst gegen die Fensterscheiben des Theaters, die er mit Einsatz seiner Kunst, Glas zu zersingen, zersplittern lässt. Der Zerstörungsakt trifft in dem englischsprachigen Szenenbild auch Rasputins Widersacher, Oskars Mitpaten Goethe. Dadurch wird der oben dargestellte Kontrast zwischen den beiden noch einmal aufgerollt, Oskars Angriff wird gegen sein *Alter Ego* gerichtet, die vorausgehende semantische Figur wird verlängert: Rasputin setzt sich durch gegen Goethe. Es tritt somit eine *Amplifikation* der beiden semantischen Figuren auf.

Die polnische Übersetzung gibt wortwörtlich den Inhalt des Originals wieder und bietet somit eine *Konservation* der semantischen Figuren.

4.2.3. Niobe

Das Schnitzwerk vom Schifffahrtsmuseum, das im Verruf steht, Unheil zu stiften, heißt im Volksmund *dat griehne Marjellchen* oder *de Griehne Marjell* (142). Die Verwandtschaft zwischen dem hier variierten Namen und dem von Maria, der Mutter Jesu, ist zwar bemerkbar, jedoch indirekt und zusätzlich durch die Mundart kaschiert.

Der Spitzname wird ins Polnische – ohne Berücksichtigung der Mundart, jedoch unter Berücksichtigung der ersten Diminutivform – als *Zielona Ma-*

ryjka oder *Zielona Maryja* (191) übertragen. Der Name *Maryja*, eine Variante von *Maria*, funktioniert im Bewusstsein eines Polens als Inbegriff der Gottesmutter und tritt in dieser Form in zahlreichen Kirchenliedern und Gebeten auf. Ein bekannter und kontroverser Sender heißt *Radio Maryja*. Aus diesem Grund rückt auch die Bezeichnung der Niobefigur als *Zielona Maryja* ins Assoziationsfeld der Schwarzen Madonna, der berühmten Abbildung der Gottesmutter der Abtei in Tschenstochau:

> Die Beziehung der Polen zu „Matka Boska" als Patronin des Polentums, diese kaum in einem anderen katholischen Land tief verwurzelte Jungfrauenverehrung ist eine Konstante der polnischen Nationaleigenschaft, die von Grass teils grotesk, teils ironisch einer Kritik unterzogen wird (Honsza 1997: 80).

Der stark ausgeprägte Marienkult in Polen weist die Gottesmutter als Patronin und Beschützerin des Landes aus; die Skulptur der Niobe im Roman leistet das Gegenteil: sie stiftet Unheil, indem sie Männer verhext und in den Tod treibt. Sie erscheint als Antimadonna, eine Verneinung der beschützenden Mütterlichkeit der Jungfrau Maria und verleiht dem Diminutivum *Maryjka* blasphemischen Klang. Die Übersetzung weist hiermit eine *Fabrikation* auf.

Die englische Übersetzung verzichtet auf die Herstellung jeglichen Bezugs des Spitznamens der Skulptur auf die Mutter Jesu. Hier heißt die Holzfrau *Green Kitten* (144f.); das Nomen Kitten kann als *Kokette, Schäkerin* zurückübersetzt werden. Betont wird dadurch lediglich das Verführerische, Weibliche einer *femme fatale*. Das von ihr herbeigeführte Böse verbleibt dadurch im traditionellen Bereich der weiblichen Zauberkraft: es ist dabei eine *Amplifikation* zu verzeichnen.

Als *Marjellchen* wird jedoch im Original von Agnes die zweite Frau Matzeraths Maria angesprochen (Die Nachfolge Christi), was an der entsprechenden Stelle weder in der englischen (274), noch in der polnischen (370) Parallelfassung berücksichtigt wurde. Dadurch verschwindet automatisch die Möglichkeit, eine Parallele zu ziehen zwischen dem Vernichtungspotenzial der beiden, das sich unter der Oberfläche der weiblichen Reizes versteckte. Maria, die mit Oskar erotische Spiele trieb, ist nämlich viel später bereit, Dokumente für seine Entmündigung und Einsperrung in einer Anstalt zu unterschreiben, was in jenen Zeiten für den Krüppel ein Todesurteil bedeutete. Die ausbleibende Beziehung der beiden Figuren aufeinander in den Übersetzungen ist mit einer *Annihilation* identisch.

4.2.4. Die schwarze Köchin

Die Formel S*chwarze Köchin* hat im deutschen Sprachgebrauch keine figuraive Bedeutung. In der *Blechtrommel* bekommt diese sprachliche Figur einen symbolischen Sinn: sie fungiert als Inbegriff des Bösen. Baumgart schreibt dazu: *Weder Hitler noch der böse Blick werden lamentierend beim Namen genannt, sie heißen Rasputin, der himmlische Gasmann, die Schwarze Köchin oder eben Oskar* (130f.). In diesem Sinn kommt der Figur der schwarzen Köchin die Funktion einer Periphrase zu.

Der Bezug auf den „himmlischen Gasmann", der Gas zum Kochen liefert, ist dabei – vor dem Hintergrund der Gaskammern und des Holocausts – von besonderer symbolischer Relevanz. Am Ende des ersten Buchs erscheint der himmlische Gasmann, dessen Identität mit dem Christkind als Heiland zur Debatte gestellt wird:

> Er kommt, er kommt! Wer kommt denn? Das Christkindchen, der Heiland? Oder kam der himmlische Gasmann mit der Gasuhr unter dem Arm, die immer ticktack macht? Und er sagte: Ich bin der Heiland dieser Welt, ohne mich könnt ihr nicht kochen (153).

Auch die symbolische Schwarze Köchin rückt somit ins Kraftfeld des himmlischen Gasmanns, wird von ihm mit Brennstoff beliefert. Das Böse wird dadurch konkretisiert, es kocht (was seine Zeit dauert) und hat seinen Meister (Meisterin), der sich nach außen harmlos-anständig gibt. Das Bild der schleichenden Gefahr des Nazismus ist deutlich erkennbar. Der Steinmetz Korneff, Oskars Lehrmeister, bezeichnet seinen Buckel im Original als *Kiste* (332), in der englischen Parallelfassung aber als *gas meter* (345), was das Assoziationsfeld des himmlischen Gasmanns und der Schwarzen Köchin erweitert[51] und eine *Fabrikation* des Bezugs bedeutet.

Im Gesamtwerk von Grass kommt der Figur einer Köchin noch eine andere Bedeutung zu. Im *Butt* werden alle Frauen als Köchinnen dargestellt; dadurch erfüllen sie einerseits – trotz geschichtlicher Umwälzungen – unverändert die ihnen traditionell zugeschriebene Rolle der Essensgeberinnen. Aber das Essen und Zu-Essen-Geben gehören – wie es Canetti in seiner *Masse und Macht* plausibel schildert – ins direkte Umfeld der Macht. Essen und Gegessenwerden, die ursprünglichen Symbole der Macht und Ohnmacht, haben sich im Laufe der Zivilisationsentwicklung verwandelt; in modernen Gesellschaften ist es die Aufgabe der Macht, den Konsum zu gewährleisten, während die regierten Massen Konsumansprüche melden. Dementsprechend ist es im *Butt* die Frau als Köchin, die die Macht ausübt, indem sie für den Mann kocht und ihn bemuttert. Ihre Macht fällt mit der Verantwortung zusammen.

Die Symbolik der Schwarzen Köchin erfasst vor dem Hintergrund der obigen Ausführungen eine böse Macht, ein Kochen, das nicht Nahrung herstellt, und somit nicht im Dienst des Lebens steht, sondern Unheil stiftet: wie in der Szene, in der Oskar von anderen Kindern mit der „Suppe" zwangsgefüttert wird, die aus Ziegelmehl und Urin zubereitet wurde.

Aber auch „erwachsenes" Kochen ist in der Blechtrommel vertreten: Alfred Matzerath, ein harmloser Anhänger der Nazibewegung, ist Hobbykoch; seine Kochkünste akzentuieren seine Häuslichkeit und Bürgerlichkeit und liefern einen Kontrast zu seiner mitläuferischen Parteizugehörigkeit. Auch in *Hundejahre* erscheint das Motiv des Kochs und des Kochens: Urin als Zutat ist vorhanden: *Die dampfende katholische Männertoilette ist eine dampfende katholische Küche. Hinter Matern drängeln Köche und wollen abkochen* (825). Wenn Matern auf seinem „Abrechnungsgang" bei Sawatzkis einkehrt, *kochen die Zuckerrüben Süße spendend vor sich hin*

---

51 In der polnischen Parallelfassung heißt der Buckel an dieser Stelle *plecak* (Rucksack).

(810). Kochen erscheint symbolisch als Gärungsprozess, in dem eine Substanz der geschichtlichen Wirklichkeit Gestalt bekommt.

In der englischsprachigen Romanfassung wird die Schwarze Köchin zur *Black Witch* (Schwarze Hexe); das ganze oben geschilderte Assoziations- und Interpretationsfeld entfällt, was mit der *Annihilation* der Bezüge identisch ist. An dessen Stelle treten Auslegungsmöglichkeiten, die in die Richtung der Magie und des Scheiterhaufens weisen. Der symbolische Wert der Figur gleicht somit den irrationalen, die Geschichte blind formenden Kräften. Indessen wird das Symbol der Schwarzen Köchin von der Kritik eindeutig auf das Dritte Reich und dessen dunkle Schatten bezogen.

Folgerichtig wird die Ersatzfigur der Schwarzen Hexe aus der englischsprachigen Übersetzung in wissenschaftlichen Abhandlungen des englischen Sprachraums nicht immer übernommen. John Reddick verwendet in seinen Ausführungen den Originalwortlaut *Schwarze Köchin*; Alan Frank Keele arbeitet mit der eigenen, wörtlichen Übersetzung des Begriffs: *Black Cook* (wobei das Genus wie auch die anderen englischen Berufsbezeichnungen unbestimmt sind); Keith Miles spricht jedoch von einer *Black Witch* (1975: 62), ohne sich auf den Originalwortlaut zu berufen. Das Verhalten der Literaturwissenschaftler ändert nichts an der Tatsache, dass dem englischen Leser die Figur als *Black Witch* geboten wird, mit allen interpretatorischen, vom Original abweichenden Potenzen. Das Böse, das durch eine schwarze Hexe verkörpert ist, verdichtet sich möglicherweise zu einer magischen Dimension der unaufhaltbaren Kräfte, die den Lauf der Weltgeschichte bestimmen, was in Bezug auf das Original eine *Fabrikation* bedeutet.

4.2.5. Die Krankenschwester

Mit ihren weißen Kitteln stellen die Krankenschwestern in der *Blechtrommel* farblichen, nicht aber symbolischen Gegensatz zur *Schwarzen Köchin* als Sinnbild des Todes und des Bösen dar. Sie verkörpern zusätzlich Weiblichkeit und Erotik (Neuhaus 1993: 49); Oskar fühlt sich von ihnen stets als Mann angezogen.

Die englische Bezeichnung des Berufs, *nurse*, ist jedoch viel umfassender als der Originalbegriff *Krankenschwester*. Sie meint nicht nur jegliche Art Pflegerin und Pfleger, vor allem der Kranken und Kinder, sondern auch die Tätigkeit des Pflegens. In der englischen Parallelfassung wird von stellenweise dieser Mannigfaltigkeit der Bedeutungsvarianten Gebrauch gemacht. In Oskars imaginärer Begegnungsszene zwischen seiner verstorbenen Mutter und ihrer Nachfolgerin Maria fragt Agnes Matzerath, die in der Kriegszeit Krankenschwester war:

> Haben wä doch alle baide ainen Matzerath jehairatet und ainen Bronski jenährt! (265).

> Haven't the both of us married a Matzerath and **nursed** a Bronski? (274, Hervorhebung L. W.).

In diesem Sinn ist in der englischen Parallelfassung eine *Amplifikation* der semantischen Figur zu verzeichnen.

In der polnischen Übersetzung ist diese Einbettung der Pflege ins Feld der Erotik total:

> Przecież obie wyszłyśmy za mąż za Matzeratha i obie zadawałyśmy się z Brońskim (370),

Rückübersetzung: *doch haben wir beide Matzerath geheiratet und uns mit Bronski abgegeben.*

Pflege und Erotik werden durch diese Wortwahl direkt aufeinander bezogen, was der Motivstruktur des Romans entspricht. Dadurch wird auch antizipiert, was der Pfleger Bruno als männlicher Gegenpart der Krankenschwester zu seinem Beruf meint:

> Nur Männer können wahrhaft Krankenpfleger sein, die Sucht der Patienten, sich von Krankenschwestern pflegen zu lassen, ist ein Krankheitssymptom mehr; während der Krankenpfleger den Patienten mühevoll pflegt und manchmal heilt, geht die Krankenschwester den weiblichen Weg: sie verführt den Patienten zur Genesung oder zum Tode, den sie leicht erotisiert und schmackhaft macht (365).

In der englischen Parallelfassung gibt nur Bruno selbst seinen Beruf, der im Original *Pfleger* heißt, (Wachstum im Güterwagen) als *male nurse* (männlicher Pfleger) an (329). Oskar hingegen stellt ihn als seinen *keeper* vor (7), was ins Deutsche als *Halter, Aufseher, Wächter* übersetzt werden kann. Das Vorhandensein beider Benennungen deutet auf eine Übersetzerentscheidung hin, durch die Wortwahl die Differenzen der Perspektive zu erfassen. Hier findet eine *Konservation* der semantischen Figur statt.

Überraschenderweise wird jedoch für die Pflege, mit der in Oskars Phantasie die verliebte Krankenschwester Beata ihr Liebesobjekt Dr. Werner umsorgt, nicht das Verb *nurse* in Anspruch genommen, sondern *take care* (454). Es kann hypothetisch angenommen werden, dass hier die Wortwahl keine konsequente Verfolgung einer Strategie ist, sondern vielmehr das Ergebnis des Spiels mit der jeweiligen Textpassage.

4.2.6. Die Stäuber

Diese Bezeichnung für die Bande von Jugendlichen, die gewalttätig gegen alle und alles rebellieren, was die Generation ihrer Väter vertritt, deren Anführer Oskar unter dem Namen Jesus wird, ist keine Standardeinheit des deutschen Lexikons, sondern eine Neuschöpfung. In derer semantischen Nähe liegen die Verben *stauben* und *zerstäuben*, was angesichts ihres Protestes gegen alles Bestehende namensgerecht nihilistisch klingt.

Das Konnotationsfeld von Staub ist auch in der englischen Wiedergabe, *dusters*, enthalten (von *dust*: Staub), wobei das englische Lexem jedoch keine Neuschöpfung ist und im normalen Sprachgebrauch die Bedeutung von *Wischlappen* hat. Insofern liegt eine *Konservation* vor.

Die polnische Wiedergabe, *wyciskacze* (buchstäblich: *Auspresser*) ist eine Neuschöpfung und leitet sich her von dem Verb *wyciskać* (auspressen), das eine übliche Kollokation mit Tränen bildet (*Tränen auspressen – wyciskać łzy*). Diese Assoziation wird im Kapitel *Im Zwiebelkeller* hervorgerufen, wo das Verb *drücken* mit *wyciskać* wiedergegeben worden ist. Die beiden Parallelstellen lauten wie folgt:

Noch wissen wir nichts von der Vergangenheit des Herrn mit dem massigen Kopf, auch welche Schwierigkeiten der Sohn dem Vater, der Vergangenheit wegen, bereitet, kommt nicht zur Sprache; es ist – man verzeihe Oskar den Vergleich – wie vor dem Eierlegen: man drückt und drückt ... Man drückte im Zwiebelkeller solange erfolglos, bis der Wirt Schmuh mit dem besonderen Shawl auftauchte, [...] (397).

Nic jeszcze nie wiemy o przeszłości pana o potężnej głowie, nie mówi się też, jakich to kłopotów syn, z powodu przeszłości, przysparza ojcu; jest tak- proszę wybaczyć Oskarowi porównanie- jak przed złożeniem jajka: wyciska się i wyciska ... W „Piwnicy Pod Cebulą" tak długo bez powodzenia wyciskano, aż pojawiał się na krótko knajpiarz Schmuh w specjalnym szalu, [...] (555)

Durch den Rückgriff auf das Verb *wyciskać,* das direkt an die Stäuberbande und ihre Foltermethode – Stäuben, in der polnischen Wiedergabe *wyciskanie* – wird der Wirt Schmuh, dessen Zwiebeln den Kunden Tränen aus den Augen presste und zum Beichten der unterdrückten Wahrheiten bewog, zu einem gereiften Stäuber, der nicht mehr gegen alles auftritt, sondern vielmehr alles hinnimmt. Diese im Original nicht vorgegebene Beziehung der beiden semantischen Figuren stellt hiermit eine *Fabrikation* dar.

4.3. Semantische Figuren von *Katz und Maus*

4.3.1. Der Schlagball

Im Originalwerk von Grass wird die spielerische Komponente der Titelformel gleich am Anfang der Handlung symbolisch um das Jäger-Beute-Bild erweitert. In der ersten Szene spielen die Schuljungen Schlagball, und es heißt, dass der Erzähler trotz akuter Zahnschmerzen weiterspielte, weil er *als Tickspieler schwer zu ersetzen war* (451). Als *Tickspieler* gehört der Erzähler somit zu den Jägern in diesem Spiel und diese Rolle soll er auch in der anschließenden Novellenhandlung übernehmen (Ritter 1993: 10).

Die beiden Übersetzer haben hier den Schwerpunkt ihrer Aufgabe auf den Terminus *Schlagball* verlagert, ohne die symbolische Aussagekraft des Transems *Tickspieler* zu berücksichtigen.

In der polnischen Fassung der Novelle erscheint für *Schlagball* das Nomen *palant* (5), das interessante Reflexionen hervorruft. Das mit diesem Namen gemeinte Spiel ist nämlich in Polen wenig bekannt und wird auch nicht im Rahmen des schulischen Sportunterrichts gespielt. Die Übersetzerstrategie strebt somit nicht das Ersetzen des Fremden durch Bekanntes an. Möglicherweise geht es aber dem Übersetzer um die Einbeziehung der zweiten, abwertend-ironischen Konnotation des Wortes *palant*, das im polnischen Sprachgebrauch einen naiven bis lächerlichen Mann bezeichnet und in gewisser Hinsicht für den Novellenprotagonisten Mahlke zutreffen kann, zumal er nicht mitspielt, sondern schläft, und sich somit dem bösen Streich mit der Katze aussetzt. Das Auftreten von Mahlke im Ablauf der Novellenhandlung passt stellenweise durchaus zum Bild eines Mannes, der in Polen als *palant* bezeichnet wird. Er trägt ständig etwas um den Hals: einen Schraubenzieher, einen Büchsenöffner, eine Wollpuschel oder eine Medaille mit einer Madonna und ist ständig ums Verstecken seines Makels am Hals besorgt:

> und so sehe ich Joachim Mahlke während des Winters einundvierzig zweiundvierzig [...] Keine Mütze. Rot und glasig die abstehenden Ohren. Vom Zuckerwasser und Frost erstarrtes, vom hinteren Wirbel weg in die Mitte gescheiteltes Haar. [...] Ein grauer Wollshawl dicht unterm spitzen bis kümmerlichen Kinn übereinandergelegt und mit großer, schon von weitem deutlicher Sicherheitsnadel am Verrutschen gehindert. Alle zwanzig Schritte kommt seine rechte Hand aus der Manteltasche und prüft die Ordnung des Shawls vor seinem Shawl-Spaßmacher, den Clown Grock, auch Chaplin im Kino, sah ich mit ähnlich großen Sicherheitsnadeln arbeiten (473).

Die obige Beschreibung vermittelt das Bild eines lächerlichen, in seinem Ringen um das Kaschieren seines Körperfehlers erfolglosen jungen Mannes, der in seinen Bemühungen durchschaut worden ist. Die Beziehung der beiden semantischen Figuren aufeinander ist in der Konsequenz eine *Fabrikation*.

Der Schlagball, als *der Sport jener Schuljahre* abgestempelt, erscheint auch in *Hundejahre* (606) und wird dieses Mal (von einem anderen Übersetzer) ins Polnische als *wybijany* übersetzt. Das polnische Lexem gehört zur Wortfamilie von *bić* (schlagen), was – wie im Fall des Originalwerkes – die semantische Figur direkt linguistisch auf Gewalt und Totschlag beziehen lässt: Eine der Vorübungen zur Meisterung der Spielerfertigkeiten, im Original als *Poggenverschleiß* bezeichnet (611), heißt in der polnischen Übersetzung *wybijanie żabek* (Totschlagen der Poggen, 99). In der polnischen Parallelfassung liegt somit durch diese Erweiterung des Konnotationsfeldes eine *Fabrikation* vor.

Der englische Übersetzer, dem mit *baseball*, *softball* und *rounders* Teilsynonyme für *Schlagball* zugänglich sind, entscheidet sich jedoch, den deutschen Wortlaut zu übernehmen. Dies resultiert wohl aus dem Stellenwert dieses Spiels in der englischen, und insbesondere amerikanischen Kultur. Es handelt sich um ein beliebtes, von Kindern und Erwachsenen oft in der Freizeit geübtes Spiel, das offenbar mit keinem anderen, wenn auch sehr ähnlichen, gleichgeschaltet werden soll. Der symbolträchtige Begriff *Tickspieler* findet – wie bereits erwähnt – weder im polnischen noch im englischen Text Widerspiegelung. Beide Übersetzer begnügen sich an der Stelle mit der vereinfachten Feststellung des Erzählers, dass er schwer zu ersetzen war (poln. *trudno mnie było zastąpić* (5), engl. *I was hard to replace on the team* (469). Insofern liegt in beiden Fällen eine *Annihilation* vor.

In der englischen Fassung von *Hundejahren*, wo das Spiel weiterhin *Schlagball* heißt, kommt auch keine Verknüpfung dieser semantischen Figur mit Ausrottung von Poggen zustande: Poggenveschleiß wurde als *consumption of frogs* wiedergegeben (640), was eine *Konservation* der semantischen Figur bedeutet.

4.3.2. Joachim Mahlke

Wegen der besonderen Fähigkeiten, die Mahlke entwickelt, um eine Kompensation für seinen überdimensionalen Adamsapfel zu erzielen, wird der Protagonist durch seine Kameraden als der große Mahlke bezeichnet. Seine Entwicklung nahm – wie im Fall des Großen Gatsby – an einer Unzulänglichkeit psychologischen Anstoß und war mit zielgerichteter Anstrengung verbunden. Die Bemerkung des Erzählers Pilenz, dass Mahlke anfangs *überhaupt nicht auffiel* (452), wird in der polnischen Parallelfassung auf die Gesamtheit seiner Fähigkeiten bezogen: *w ogóle niczym się nie wyróżniał* (7), in der Rückübersetzung: *insgesamt zeichnete er sich durch nichts aus*. Dadurch wird der Junge – im Sinn des Originals – der Masse zugeordnet und der Startpunkt seiner Entwicklung zum Großen Mahlke, seines Aufstiegs, definiert. Es liegt somit eine *Konservation* vor.

Der englische Text bezieht diese Information hingegen auf das Erscheinungsbild des Jungen allein: *there was nothing striking about his appearance* (471), deutsch: *es war nichts Auffälliges in seinem Erscheinungsbild*. Dieses Urteil wird zur Antizipation einer Entwicklung zum Sonderling, die nicht nur die Ausprägung eines riesigen Adamsapfels umfasste, sondern auch die Versuche, den Makel zu kaschieren. Dieses übersetzerische Vorgehen führt zu einer *Amplifikation* der semantischen Figur.

Um die Aufmerksamkeit seiner Mitmenschen von seinem Adamsapfel abzulenken, hängt sich Mahlke verschiedene Gegenstände um den Hals, unter anderem einen Schraubenzieher, mit dem er während seiner Taucheskapaden seine Beute ablöst. Die englische Übersetzung greift dabei auf das Standardäquivalent des Nomens Schraubenzieher, nämlich *screwdriver* zurück, und erzielt keine aberranten Effekte.

In der polnischen Parallelfassung tritt jedoch nicht die übliche, allgemein verständliche Bezeichnung eines Schraubenziehers (*śrubokręt*) auf, sondern das Kompositum *śrubociąg*, das erst kontextuell in seiner Bedeutung erschlossen werden kann. Dadurch entsteht eine Art Verfremdungseffekt.[52]

In einem Erzählerkommentar zu Mahlkes Verhältnis zur Hitlerjugend und zu der eigenen Schule ist zu lesen:

> Offenbar bedeutete Dir unser Gymnasium, im Vergleich mit der genannten Jugendorganisation, auf die Dauer mehr, als ein normales Gymnasium [...] begleichen konnte (464).

Die polnische Übersetzung erfasst den genuin emotionalen Aspekt der Einstellung Mahlkes zu seiner Schule:

> Widocznie nasze gimnazjum w porównaniu z ową organizacją młodzieżową na dłuższą metę znaczylo dla ciebie coś więcej [...], ale normalne gimnazjum nie mogło sprostać temu, czego od niego oczekiwałeś (21),

rückübersetzt: *Offenbar unser Gymnasium, verglichen mit jener Jugendorganisation, bedeutete dir auf Dauer etwas mehr [...], aber ein normales Gymnasium konnte nicht schaffen, was du davon erwartetest.*

Die Komponente einer emotionalen Bindung an seine Schule, die aus objektiven Gründen nicht ausreicht, um die erwarteten Profite zu erzielen, was eine *Konservation* der im Original vorgegeben semantischen Figur bedeutet.

Auf Englisch lautet die entsprechende Textstelle, wie folgt:

> There is no doubt that unlike the Hitler Youth our gymnasium became for you, in the long run, a source of high hopes (483).

Die Abweichung ist insofern relevant, als Mahlke stets unermüdlich nach Anerkennung als Kompensation für seinen Makel strebt. Für seine Zwecke

---

52   Morphologisch ist das Lexem *srubociag* eine Parallelbildung zu *korkociag* (Korkenzieher) und zugleich eine Kalkierung des deutschen Terminus *Schraubenzieher*.

wird die Umgebung instrumentalisiert, in diesem Fall die Schule als Erfolgsspender wahrgenommen. In der englischen Parallelfassung erscheint eine *Amplifikation*.

4.4. Semantische Figuren der *Hundejahre*

4.4.1. Die Vogelscheuche

Einer der Romanprotagonisten, Eduard Amsel, baut von Kind an menschenähnliche Vogelscheuchen. Dieses Hobby, das im Erwachsenenleben zu seiner Besessenheit wird, ist ein schicksalhaftes Omen: bereits sein Tauffest wird nämlich von einem ungeheuren Vogelschwarm gestört. Der Antagonismus zwischen Vogel und Mensch bekommt im Roman eine symbolische Dimension. Obwohl mehrere Vogelarten beim Namen genannt werden, kommt den Krähen eine besondere Bedeutsamkeit zu. Sie sind schwarz und erscheinen als Zeugen der Gewalt, des Bösen. Sie sind präsent, wenn Eduard Amsel von den SA-Männern brutal zusammengeschlagen und als Schneemann aufgestellt wird. Sie begleiten das Parallelereignis, die Misshandlung von Jenny Brunies.

Im Lexikon der englischen Sprache sind fünf Entsprechungen des Lexems *Vogelscheuche* zu finden: *guy, fright, dud, bogle und scarecrow*. Der Übersetzer entscheidet sich für die letztgenannte. Das Grundwort *crow* meint eine *Krähe* und das Formativ *scare* hat als Nomen die Bedeutung von *Schrecken, Angst* aufweist: das Nominalkompositum *scarecrow* kann somit als *Schreckkrähe* kalkiert werden. Durch diese sprachliche Verwandtschaft werden die beiden Figuren linguistisch eng und direkt aufeinander bezogen.

Im polnischen Sprachgebrauch entspricht dem Begriff der *Vogelscheuche* die Umschreibung *strach na wróble*, buchstäblich: Scheuche gegen Spatzen, wobei das Lexem *strach* (Schreck, Angst) in seiner Bedeutung mit dem englischen *scare* zusammenfällt. Die Tatsache, dass die Formel *strach na wróble*, abweichend von dem Originalausdruck *Vogelscheuche*, nur auf eine Vogelart, nämlich die Spatzen, sprachsemantischen (obwohl nicht sprachpragmatischen) Bezug hat, sieht der polnische Übersetzer als Problem an. Er erweitert nämlich gelegentlich, entgegen dem polnischen Sprachgebrauch, die Bezeichnung *strach na wróble* zur Formel *strach na wróble i inne ptaki*, buchstäblich: Scheuche gegen Spatzen und andere Vögel. Durch den Verstoß gegen den Usus wird die Aufmerksamkeit des Lesers direkt auf *andere Vögel* gelenkt, weil sie durch die Ausdehnung der Bezeichnung markiert werden. Die am häufigsten auftretenden *anderen Vögel* sind Krähen, somit wird der Blick des Lesers auf die Krähen und deren Symbolik des Bösen gerichtet. Der englische Übersetzer unternimmt verständlicherweise keinen vergleichbaren Versuch.

Der polnische Übersetzer stellt im Romantext mehrmals linguistische Parallelen dar zwischen der Bezeichnung der Vogelscheuche als **strach na wróble** und dem polnischen Ausdruck für Angstgefühl, **strach** (Furcht, Angst). In dem englischen Text ist es nur einmal der Fall:

(1) [Über Tulla] Deine Schneidezähne standen leicht vor: Die sollten Jenny Brunnies [...] bald fürchterlich werden (624),

polnisch: Twoje siekacze lekko wystawały: Miały one wkrótce napędzić stracha Jenny Brunnies (119),

englisch: Your incisors protruded slightly: they were soon to become a source of dread to Jenny Brunnies (656).

(2) [Zur Schlägereiszene in einem Lokal]: Die vier Bereitschaftspolizisten [...] rückten vor [...]: grün, beliebt und gefürchtet (679),

polnisch: Czterech policjantów [...] posuwało się naprzód [...]- zieloni, popularni i budzący strach (189),

englisch: The four stand-by policemen [...] moved in [...]: green, loved and feared (717).

(3) Tulla zwang uns, vom Erbsberg hinab bis vors Gutenbergdenkmal zu rodeln, weil sie uns ängstigen wollte (687),

polnisch: Tulla zmuszała nas do zjeżdżania z Kopy Grochowej, gdyż chciała nam napędzić stracha (199),

englisch: Tulla made us coast down to the Gutenberg monument from the Erbsberg, because she wanted to scare us (726).

(4) [Über Walter Matern]: Beliebt und gefürchtet wurde er von allen (739),

polnisch: Był lubiany przez wszystkich i budził strach (266),

englisch: He was liked and feared by all (784).

(5) [Zur Flucht der Kinder über den Wald]: Der aufgewühlte Jäschkentaler Wald und der gusseiserne Johannes Gutenberg, im Bunde mit einem schauerlichen Mond, machten mir, Harry im Walde, klitschnasse Angst (694),

polnisch: Wzburzony Jaśkowy Las i żeliwny Johannes Gutenberg, sprzymierzeni z okropnym księżycem, napędzili mi, Harry'emu-w-lesie- mokrusieńkiego stracha. (208),

englisch: In league with the shivery moon, the agitated Jäschkental Forest and the cast-iron Johannes Gutenberg inspired me, Harry-in-the-Woods, with a sopping wet fear (734).

(6) Aber Tullas windige Figur erschreckte (703),

polnisch: Jednakże chuderlawa figura Tulli budziła strach (220),

englisch: Tulla's wiry figure frightened people (744).

Da es im polnischen Lexikon nicht an den Möglichkeiten fehlt, das Angstgefühl mit anderen Sprachmitteln zu nennen (z. B. *przerazić, wzbudzić lęk*), ist anzunehmen, dass es sich um eine Übersetzerstrategie handelt, die in der englischen Fassung nicht festzustellen ist. Die Selektion in der polnischen Übersetzung stellt im Romantext direkte linguistische Bezüge zwischen der Symbolik der Vogelscheuche, den einfachen Menschen und den Figuren aus unbelebter Umgebung (Wald, Gutenberg-Denkmal) her, wodurch der Interpretation eine Richtung gewiesen wird: Die Vogelscheuche wird zum

Sinnbild der Furcht des Dritten Reiches, die mittlerweile auf die Natur, einfache Menschen und Kinder überschwappt. Es handelt sich um eine *Amplifikation* der semantischen Figur der Vogelscheuche und um eine *Fabrikation* der Bezüge zu den anderen Figuren.

Durch die polnische Übersetzung der Vogelscheuche als *strach na wróble* entsteht ein unmittelbares sprachliches Pendant eines Motivs aus der Blechtrommel, wo der Lokalbesitzer Schmuh auf Spatzen schießt und durch diese in den Tod getrieben wird. Auch hier ist eine *Fabrikation* zu verzeichnen.

4.4.2. Die Schicht

Das erste Buch der *Hundejahre* trägt den Titel *Frühschichten*. Das Lexem *Schicht* ist im Deutschen mehrdeutig und meint u. a. die Lage eines einheitlichen Stoffes (Luftschicht, Bodenschicht), sowie auch die Arbeitszeit in einem Industriewerk (*Frühschicht, Spätschicht, Nachtschicht*). Das Kompositum *Frühschicht*, in dieser Form im deutschen Sprachgebrauch verwendet, verweist vor allem auf die letztere Bedeutung. Bei der Interpretation der *Schichten* in *Hundejahren* kommen jedoch, wie die Forschungsergebnisse zeigen, beide Bedeutungsvarianten in Frage. Bei Moser findet sich folgende Bemerkung dazu:

> Bezeichnet der Titel zunächst nur die Stellung im Gesamtgefüge, verweist er durch Doppeldeutigkeit – Brauchsel schreibt immer, wenn die erste Schicht unter Tage fährt – auf die Bedeutung seines Buchs für die Aufdeckung der eigentlich untersten, damit frühesten Schicht, nämlich jener der Ursachen (2000: 65).

Mit letzteren sind die Vergangenheitsschichten gemeint; in *Hundejahre*, dem dritten und abschließenden Teil der Danziger Trilogie, setzt Grass seine Abrechnung mit dem deutschen Nationalsozialismus fort, indem er Erinnerungen beschwört. In diesem Sinn bedient sich Grass in seinen Interviews selbst des Begriffs der *Schicht*. Er formuliert:

Schreiben deckt Schichten auf (1987: 26).

Ein Schriftsteller, besonders, wenn er episch arbeitet, ist in der Lage, unter der dünnen Schicht der Aktualität die Strukturen dessen zu erkennen, was dauert, überdauert (1987: 223).

In der Erinnerung und durch die Erinnerung wird das Wechselspiel der individuellen Schicksale und des Hauptstroms der großen Geschichte gezeigt, die als solche nie direkt thematisiert wird.

Der polnische Übersetzer entscheidet sich für das Nomen *szychta* als Äquivalent der *Schicht*. Das Wort gehört – anders als die deutsche Vorlage *Schicht* – zu einem Soziolekt und zwar zur Sprache der Bergleute. Dadurch ist der Bezug auf das Bergwerk, wo sich die wichtigen Handlungspassagen des Romans abspielen, noch deutlicher als im Original. Aus diesem Grund hat der Übersetzer vermutlich nicht das Nomen *zmiana* (wörtlich: *Wechsel*) aus dem Standardlexikon des Polnischen als Äquivalent der *Schicht* gewählt. Das Kompositum *Frühschichten*, mit dem das erste Buch überschrieben ist, wurde jedoch als *Ranne szychty* (wörtlich: *Morgenschichten*) wiedergegeben. Der semantische Wert des Attributs, nämlich die zeitliche Lokalisierung in einer nur unscharf bestimmten Tageszeit (Morgen), schwächt den linguistischen Bezug auf den Anfang, die Frühphase, der im deutschen Original gegeben ist; der Ausdruck *ranna szychta* meint nämlich die erste Schicht in der Reihenfolge, als deren zeitlichen Anfangspunkt. Das polnische Wort *szychta* hat dabei – allerdings als Archaismus – die Bedeutung der Lage eines einheitlichen Stoffes. Diese kommt aber bei der Kollokation *ranne szychty* (Morgenschichten) nicht durch. Bei der semantischen Figur liegt insgesamt eine *Reduktion* vor.

Die englische Wiedergabe des Lexems *Schicht* – das Nomen *shift* – streift die Bedeutungsvariante von *Lage* (englisch: *layer*) und mutet, im Gegensatz zur Statik des Originalausdrucks, dynamisch an; *shift* hat nämlich auch eine gängige Bedeutung von *Wechsel, Umstellung*. Durch die Aufhebung der interpretatorischen Zweideutigkeit der semantischen Figur ist eine *Annihilation* zu verzeichnen.

4.4.3. Heidegger

Mehrere Passagen der *Hundejahre* parodieren die Philosophie von Heidegger. Die Romanprotagonisten, denen Heideggers Worte in den Mund gelegt werden, sind Männer „der Faust", nicht des Intellekts: der Anführer der in der *Blechtrommel* dargestellten Stäuberbande, Störtebecker, und der schlagfertige Walter Matern. Verbalen Ausdruck findet dieses Durcheinander von Geist und Faust in der Formel, die in der polnischen Übersetzung den Satz. *Seyn wird fortan mit y geschrieben* (825) variiert: *Bycie pisze się odtąd przez i* (377). Das Wort *bycie* (Sein), in dem *y* durch *i* ersetzt wird, ergibt das Lexem *bicie* (Schlagen). Bei dieser Leistung des polnischen Übersetzers handelt es sich um einen übersetzerischen Mehrwert, der aus einer originellen, individuellen Interpretationsvariante zustande gekommen ist, die stark durch die wortspielerische Potenz des polnischen Lexikons unterstützt wurde. Es liegt eine *Fabrikation* vor. Der vom Übersetzer variierte Satz kann als Anspielung auf Heideggers Bekenntnis zum Nationalsozialismus interpretiert werden. Der Philosoph wird als derjenige angeprangert, der eine exaltierte Sprache seiner fundamentalen Ontologie gegen die konkrete Sprache der Gewalt zu tauschen bereit ist.

In der englischen Übersetzung bleibt dieser Satz aus: der Übersetzer entscheidet sich für eine Mutation im Sinne von Van Leuven-Zwart, was hier mit einer *Annihilation* zusammenfällt. Bemerkenswert ist dabei, dass das Wortspiel zwischen den englischen Äquivalenten für *Sein* (Being) und *Schlagen* (Beating) auf linguistischer Ebene ziemlich einfach herzustellen wäre.

Die Person des Philosophen wird von Grass lächerlich gemacht, indem er als *Zipfelmütze* oder *Zipfel* (826) bezeichnet wird und mit dem Formativ *Zipfel* Wortspiele betrieben werden, die etymologische Reihen aus der Ontologie Heideggers nachahmen. Die Zipfelmütze, früher ein Teil der männlichen Nachtbekleidung, fungiert bei Grass ein Requisit zur Zerstörung der mystischen Aura, die den Philosophen Heidegger zu Lebzeiten umgab. Eine adäquate Übersetzung dafür wäre, wie Majkiewicz zu Recht bemerkt (131), *szlafmyca* (Schlafmütze).

In der polnischen Übersetzung wurde *Zipfelmütze* als *spiczasta czapa* wiedergegeben, was dem Übersetzer die Nachahmung der Wortspiele mit dem attributiven Formativ erlaubt, jedoch das konnotative Feld des Begriffs von dem des Originals weit entrückt. Zum ersten mutet nämlich das Lexem *czapa*, eine Grobform gegenüber dem neutralen Grundwort *czapka* (Mütze) eher winterlich als nächtlich an: Es meint eher eine große und schwere Mütze. Zum zweiten haftet dem umgangssprachlichen Gebrauch des Lexems *czapa* die Bedeutung der *Todesstrafe* an (*dostać czapę* – wörtlich: eine (schwere) Mütze bekommen, bedeutet: *zum Tode verurteilt werden*). Zum dritten hat das Wort *Zipfelmütze* im Deutschen noch eine andere Bedeutungsvariante: in der Jugendsprache (und die beiden Heideggersprecher in *Hundejahren* sind junge Männer) ist das Wort Synonym eines *Kondoms*, während das Grundformativ *Zipfel* das männliche Geschlechtsorgan bezeichnet. Bei einem Schriftsteller wie Grass, dem von der Kritik oft die Neigung zur Pornografie und Unmoral nachgesagt wurde, dürfte es kaum verwundern, wenn die Interpretation der metonymischen Verwendung von *Zipfelmütze* die Richtung eines derben Sexualismus als Schimpfwort einschlagen sollte.

Das Wörterbuch Deutsch-Englisch gibt *jelly bag cap* als Synonym der *Zipfelmütze* an. Jedoch macht der Übersetzer keinen Gebrauch davon. Statt dessen wird in der englischen Romanfassung ein Neologismus geprägt: *stockingcap*. Die Morphologie der Nominalbildung weist eindeutig auf einen Schlafmützenersatz, der häufig aus dem Oberteil eines Damenstrumpfs gemacht wurde. Die Figur, die als *stockingcap* (882) bezeichnet wird, hat nichts Gespitztes in sich, das ganze Assoziationsfeld des Zipfels entfällt. Heideggersche Wortspiele werden am Grundformativ *cap* unternommen: *The Alemannic Stockingcap is capping* (882), *The cap is capping on the ski slopes* (883).

Bei beiden Übersetzern ist ein Versuch zu verzeichnen, die Sprache Heideggers dem Original entsprechend durch Parodie zu devalvieren. Keiner von ihnen scheint auf die getreue Wiedergabe des Inhalts philosophischer Begriffe zu legen. In beiden Fällen liegt eine *Annihilation* vor.

4.5. Semantische Figuren des *Butt*

4.5.1. Die Weiblichkeit versus Männlichkeit

Eine der mythologischen Frauenfiguren, die im *Butt* eine symbolische Funktion bekommt, ist Hera – die ranghöchste Göttin, Beschützerin von Frauen, Müttern, Ehefrauen und der Ehe. Sie wird im Roman als diejenige Frau zitiert, die einen Kompromiss mit dem Mann schließen und einen Teil ihrer Macht einbußen musste:

> Die kretische Göttin Hera, die als ein Ausbund minoischer Erdmütterlichkeit bekannt war, musste ihre Vorherrschaft wenn nicht aufgeben, so doch teilen, und sich zur Ehe – jawohl, Ehe! mit dem Gott Zeus bequemen (89).

Der Begriff der *Erdmütterlichkeit* fasst die oben genannten „Zuständigkeitsbereiche" der Göttin und das Verb *sich bequemen* meint den Akt einer gezögerten Anpassung, bzw. Fügung.

Die polnische Übersetzung erfasst sehr wohl den zweitgenannten Aspekt der Sachlage, verfehlt jedoch den ersteren. Sie lautet:

> Kreteńska bogini Hera, znana jako uosobienie minojskiego **macierzyństwa** (Hervorhebung L. W.) ziemi, musiała jeśli nie wyrzec się swej hegemonii, to jednak podzielić się nią i przystać na małżeństwo- tak jest, małżeństwo- z bogiem Zeusem (85).

Das hervorgehobene polnische Wort *macierzyństwo* bedeutet „Mutterschaft", folgerichtig drückt die Formel *macierzyństwo ziemi* nicht die im Original gemeinte *Mütterlichkeit der Erde* aus, sondern *die Mutterschaft der Erde*. Die Göttin Hera wird dadurch „umgeschult" zur Patin der Erde in ihrer Fruchtbarkeit (in der griechischen Mythologie die Domäne der Göttin Demeter). Eine *Fabrikation* findet dadurch statt.

Die englische Übersetzung erfasst wiederum den erstgenannten Aspekt der Sachlage, während sie den zweitgenannten verfehlt. Ihr Wortlaut ist:

The Cretian goddes Hera, famous in her day as the best of Minoan earth mothers, had not abdicated, but she had been forced to marry – yes, marry! The god Zeus and to share her hegemony (69).

Die Formel *the best of Minoan mothers* ist dem Sinn des Originals gerecht und stellt eine kognitive Explikation dar. Als solche ist auch der Ausdruck *had been forced* anzusehen, der allerdings das Element der Gewalt nahe legt und dadurch kräftiger wirkt als die Originalformulierung *hat sich bequemen müssen*. Die semantische Figur bekommt infolge dieser Verstärkung die Prägung eines Opfers männlicher Gewalt. Auf diese Art und Weise entsteht eine *Amplifikation*.

Die anschließende Textpassage stellt ein Wechselspiel weiblicher und männlicher Wirkungskräfte dar:

> Und auch ich habe zeitweilig, um die trotz Brustverlust weiterhin fürsorgende Urmütterlichkeit ein wenig zu relativieren, als Gott Funktion übernehmen müssen (89).

Auf Polnisch heißt es:

> A i ja na jakiś czas, aby nieco zrelatywizować mimo utraty piersi nadal sprawującą pieczę pramacierzyńskość, musiałem objąć funkcję boga (85).

Eine Tiefenstrukturanalyse des obigen Satzes erlaubt es, die Konzessivform *mimo utraty piersi* (trotz Brustverlust) dem Prädikat *zrelatywizować* (relativieren) zuzuordnen, was den Sinn der Aussage auf den Kopf stellt. Eine mögliche Rückübersetzung lautet: *Und auch ich musste für einige Zeit, um trotz Brustverlust die weiterhin fürsorgliche Urmütterlichkeit ein wenig zu relativieren, die Funktion eines Gottes übernehmen*. Das Ganze wird semantisch verschwommen und mutet absurd an.

Ein anderes Merkmal des oben angeführten Satzes in polnischer Übersetzung ist die Wahrnehmung der Denotation des Begriffs der *Mütterlichkeit*, der hier nicht mehr – wie in dem früher analysierten Beispiel – mit *Mutterschaft* verwechselt wird. Das Lexem *macierzyńskość* (Mütterlichkeit) und dessen Derivat *pramacierzyńskość* (Urmütterlichkeit) sind Neologismen, die zwecks Verdeutlichung der Nichtidentität zwischen Mutterschaft und Mütterlichkeit gebildet wurden.

Auf Grund der benachbarten Lokalisierung der beiden oben besprochenen Textfragmente im Romanganzen, die dem Übersetzer guten Überblick der behandelten Textpassagen gewähren, ist bei der Differenzierung der beiden Wiedergaben auf eine bewusste Übersetzerentscheidung zu schließen, die durch einen Fehler im Textverstehen belastet ist und somit als *Reduktion* bis *Annihilation* abzustempeln ist.

Die englische Übersetzung lautet hingegen:

> I myself was obliged to take on the function of god for a time, in order to compensate just a little fort the power of the primal mothers, who despite the lost breast went right on tyrannizing men with their loving care (69f).

Verstärkt – auch im Vergleich zum Original – kommt hier die Machtposition der Frauen zum Ausdruck, die mit Fürsorge gekoppelt ist. Die Polarisierung zwischen dem weiblichen Tyrann und zugleich Fürsorger und dem männlichen Untertan und zugleich Versorgtem wird aus dem textinternen Makrokontext hergestellt. Somit handelt es sich um eine *Amplifikation* der semantischen Figur.

Ein Meisterstück der Grassschen Erzählkunst stellt das Feuerdiebstahl-Kapitel dar; es schildert den Feuerdiebstahl, den die Hordenmutter zum Wohl ihrer Sippe beging. Im Originalwortlaut heißt es:

> Jemand, dessen Fleisch auch Tasche ist, soll zum Himmelswolf steigen. Er verwahrt das Urfeuer, aus dem alles Feuer, auch der Blitz kommt. Deshalb musste eine Frau gehen, denn das männliche Fleisch hat keine Tasche (67).

Der Schlüsselbegriff dieses strukturellen Transems ist *die Tasche*, ein allgemeines, stilistisch neutrales Wort aus dem deutschen Gegenwartslexikon, das einen Gebrauchsgegenstand zum Tragen meint, im Kontext jedoch die Ausgestaltung der weiblichen Geschlechtsteile.

Die polnische Übersetzung lautet:

> Ktoś, czyje ciało jest też kabzą, ma pójść do niebowilka. On przechowuje praogień, który jest źródłem wszelkiego ognia, także błyskawicy. Dlatego musiała iść kobieta, bo męskie ciało nie ma żadnej kabzy (70).

Das polnische Äquivalent für *die Tasche*, der Archaismus *kabza*, ist im modernen polnischen Sprachgebrauch nur in der idiomatischen Wendung *nabić sobie kabzę* (buchstäblich: sich den Geldbeutel voll stopfen, figurativ: sich bereichern, finanziell beachtlich profitieren) vertreten und hat ganz eindeutigen Bezug auf Geld bzw. finanziellen Vorteil.

Im Makrokontext des Romanganzen handelt es sich bei dem Feuerdiebstahl um eine geschichtliche Wende, die mit der Übernahme des Feuers erfolgte: in Form von glühenden Kohlen wurde ein richtiger Schatz entwendet, die eigentliche Antriebskraft des weiteren Fortschritts der Menschheit. Die auf diesem Wege generierte semantische Figur ist durch *Amplifikation* gegenüber dem Original gekennzeichnet.

Die englische Übersetzung des Textfragments lautet:

> Someone whose flesh is also a pouch must climb up to the Sky Wolf. He is the keeper of the primal fire, whence comes all other fire, including lightning. It had to be a woman because the male has no pouch in his flesh (52).

Das Nomen *pouch* dient im englischen Sprachgebrauch u. a. als Bezeichnung für die Bauchfalte am Körper der weiblichen Beuteltiere, in der Junge transportiert werden. Der *Beutel* (pouch) stellt somit eine natürliche Ausrüstung mancher Tiermütter dar, die ihnen die Erfüllung ihrer natürlichen Rolle als Ver- und Fürsorgerinnen ermöglicht. Die nächstliegende englische Übersetzungsvariante für *die Tasche* wäre *the bag*; aber *the pouch* drückt im Kontext die angeborene Veranlagung der Frau zur Fürsorge prägnanter aus, wobei Fürsorge im *Butt* – wie oben verdeutlicht – als weibliches Instrument der Macht fungiert. Im Endergebnis liegt eine *Amplifikation* vor.

4.5.2. Der phallische Gott

In der Szene, in der die Hordenfrauen eine mannslange Rübe aus der Erde ziehen, heißt es, dass das phallusähnliche Gemüsestück der Horde beinahe *einen Rübengott (Ram) eingetragen hätte* (92). Die semantische Verwandtschaft zwischen dem Eigennamen *Ram* und dem Gattungsnamen *Ramm* (das Männchen eines Schafs) auf der einen Seite, sowie dem Verb *rammen* (tief und fest stoßen) auf der anderen Seite ist unübersehbar. Noch prägnanter ist dabei die Verbindung zwischen *Ram* und *Rammel* (Widder) und dem entsprechenden Verb *rammeln*, das in der Jägersprache ein Synonym von *begatten* fungiert, und im vulgären Sprachgebrauch einen Geschlechtsverkehr meint.

Eine ähnliche Wortfamilie lässt sich auch in der englischen Sprache aufweisen, wo das Lexem *ram* als Substantiv einen *Widder* meint, als Formativ ein Männchen (z. B. *ramcat – Kater*), als Verb hingegen ein Synonym von *eindringen* darstellt. Die englische Übersetzung behält deswegen auch den Wortlaut des Namens *Ram* (72) mit dessen Bezügen auf Sexualität.

Anders ist es im Polnischen, wo der Name *Ram* weder akustisch noch optisch in ein bestimmtes Assoziationsfeld passt. Der Übersetzer tauscht *Ram* gegen *Ryp* ein (87); letzteres ist ein Derivat des Verbs *rypać*, das im Polnischen u. a. eine saloppe bis vulgäre Bezeichnung für den Geschlechtsakt ist. Offenbar sind die beiden Übersetzer – der polnische wie der englische – um die Beibehaltung des „Beigeschmacks" des Eigennamens bemüht. In beiden Fällen liegt eine *Konservation* vor.

4.5.3. Das Tribunal

Das Gericht, vor dem sich der Butt verantworten muss, besteht aus lauter Frauen und wird im Original als *feministisches Tribunal* bezeichnet (84). Das Attribut *feministisch* nennt jedoch nicht das Geschlecht der Richterinnen schlechthin, sondern vor allem die Grundhaltung des Gremiums: die Inhaberinnen des Tribunals sind Feministinnen, die sich für die Aufhebung der Männerherrschaft über die Frauen einsetzen. Ein partieller Konnotationswert des Begriffs Feminismus ist Männerfeindlichkeit.

In der polnischen Romanfassung ist – in wortwörtlicher Übertragung – von *feministyczny trybunał* (81) die Rede; dabei ist zu vermerken, dass die feministische Bewegung im politischen und sozialen Leben Polens keine erhebliche Rolle spielt. Das Attribut *feministisch* wird mit mangelnder bis fehlender Weiblichkeit assoziiert; wenn Światłowski die Inhaberinnen des Tribunals als *einfach unsympathisch, arrogant, intolerant* bezeichnet (1987: 99, Übersetzung L. W.), so ergeben diese Charakteristika durchaus eine maßgebliche polnische Vorstellung vom Feminismus als einer weiblichen Chimäre, die nicht allzu ernst zu nehmen ist. Die wortwörtliche Übersetzung ins Polnische liefert eine neutrale bis ironische Formel, was gegenüber der semantischen Figur des Originals eine *Amplifikation* bedeutet.

In dem englischen Romantext heißt das Gericht *women's tribunal* (76); diese Bezeichnung büßt einen Großteil der Originalprägung ein, drückt nämlich die feministische Grundeinstellung der Richterinnen überhaupt nicht aus. Der Übersetzer, dem mit *feministic* ein totales englischsprachiges Äquivalent für *feministisch* zur Verfügung steht, entscheidet sich für eine Abweichung von der Vorlage. Dies mag auf zweifache Art erklärt werden. Zum ersten ist die Rücksicht auf die potentielle Leserin und ihr feministisch geprägtes Bewusstsein in Erwägung zu ziehen. Nicht von ungefähr weist Burgess darauf hin, dass der Roman gelesen sein kann als:

> eine neomythische Phantasie über den uralten Kampf zwischen Mann und Frau um die Vorherrschaft [...], der zur Zeit im freien Teil Deutschlands wie auch anderswo auf dem Höhepunkt ist (1978: 75);

unter „anderswo" fällt auf jeden Fall der englische Sprachraum. Zum zweiten sind jedoch die möglichen explikatorischen Absichten des Übersetzers nicht auszuschließen. Durch die Neutralisierung der Tribunalbezeichnung wird der Antagonismus zwischen Mann und Frau – das Leitmotiv des Romans – selbst neutralisiert, von der tendenziösen Ebene einseitiger Aburteilung auf die sachliche Ebene der Gegenüberstellung gebracht. Hier liegt eine *Reduktion* vor.

Ähnlich verfährt der englische Übersetzer an der Textstelle, wo im Original ein *Weiberrat* (79) zusammentrifft: in der englischen Fassung erscheint ein *women's council* (62). Der Pole steht nicht an, die an sich bereits etwas ironische und leicht abwertende Originalformulierung in die ironisch-abwertende Richtung weiter zuzuspitzen: *babska narada* (78), zurückübersetzt etwa: *Frauenzimmersitzung*, beinhaltet eine deutlich abwertende Note. Der *Reduktion* aus der englischen Parallelfassung entspricht in der polnischen Romanübersetzung eine *Amplifikation*.

4.6. Semantische Figuren der *Unkenrufe*

4.6.1. Der historische Hintergrund

Im Roman *Unkenrufe* erscheint im Hintergrund die Information über die Einführung des Kriegsrechts in Polen, wo sich ein Grossteil der Handlung abspielt. Die Person, die das Kriegsrecht ausgerufen hat, wird im Original als *General* erwähnt, der Zeitpunkt als *Beginn der achtziger Jahre* (27) angegeben, wobei beides den Daten aus der neuen polnischen Geschichte entspricht (am 13 Dezember 1981 hat General Jaruzelski, damals Premierminister und Chef der regierenden Partei im kommunistischen Regime, das Kriegsrecht in Polen verkündet). Die polnische Übersetzung gibt hier die historischen Realien wieder und fügt sogar eine präzisierende Zeitkorrektur hinzu. Die Rede ist von einem General (polnisch: *generał*), der

g l e i c h *zu Beginn der achtziger Jahre* (polnisch: *z a r a z na początku lat osiemdziesiątych* – 24) politisch tätig war. Der Gepflogenheit des polnischen Sprachgebrauchs entsprechend heißt es in der polnischen Übersetzung auch nicht *prawo wojenne* (wie die genaue Wiedergabe von *Kriegsrecht* lautet), sondern *stan wojenny*, was ins Deutsche als *Kriegszustand* zu kalkieren wäre. Es handelt sich um *Amplifikationen* gegenüber dem Original.

In der englischsprachigen Werkfassung wurde *der General* zum *president*, das Geschehnis wurde zeitlich verschoben und findet *in the late eighties* (22), Ende der achtziger Jahre, statt. Für *das Kriegsrecht* steht dessen semantische und zugleich funktionale Entsprechung *martial law*. Während es sich bei der Zeitangabe um einen Lapsus handeln mag – in diesem Fall ist es deutlich, dass den historischen Daten kein hoher Stellenwert zukommt – ist der Irrtum bei dem Würdenwechsel der Person auszuschließen; dafür sind sich die Lexeme in allen drei Sprachen zu ähnlich. Offenbar ist der Übersetzer nicht um die historische Wahrheit bemüht (das Präsidentschaftsamt gab es in Polen im Jahre 1981 überhaupt nicht), sondern um die Verständlichkeit der Botschaft für seine Leser: Die Person, die befugt ist, Kriegsrecht im Land auszurufen, ist für einen englischsprachigen Rezipienten vor allem der Präsident, obwohl das Amt in Großbritannien, wo die englische Übersetzung zuerst erschien, nie existiert hat. Es liegen somit *Fabrikationen* vor.

Im Originaltext der *Unkenrufe* ist zu lesen, dass sich die polnische Währung *aus Warschauer Sicht* (127) einigermaßen stabilisiert hat und die polnische Übersetzung gibt dies wortwörtlich wieder: *z perspektywy Warszawy* (103). In der Sprache der Politik steht bekanntlich der Name einer Landeshauptstadt für die Regierungskreise (Moskau zögert, London hat bestätigt). So sind die oben angeführten Textfragmente auch zu verstehen: Gemeint ist die offizielle Haltung der polnischen Machthaber gegenüber dem Wechselkurs der einheimischen Währung. In der englischen Fassung ist allerdings an dieser Stelle von der polnischen Sicht die Rede, der entsprechende Text lautet: *from the Polish point of view* (125). Diese Abweichung vom Buchstaben des Originals kann auf zweifache Art begründet werden, wobei eventuell beide Gründe zutreffen mögen. Als erstes ist nicht ausgeschlossen, dass hier versucht wird, den politisierenden Stich aufzuheben, um den Roman mehr auf die literarische, und weniger auf die politische Schiene zu richten. Als zweites kann vorausgesetzt werden, dass der Übersetzer seinem Leser nicht genug Allgemeinbildung zutraut, als sollte dieser imstande sein, Warschau als Hauptstadt Polens zu erkennen.

Aus der übersetzungstheoretischen Perspektive sind sowohl die englische als auch die polnische Wiedergabe eines heiklen Spruchs interessant, der auf dem Gemeinschaftsfriedhof in Stein gehauen werden sollte und Zweifel herbeiführte. Der Spruch lautet im Originalwortlaut: *Die Heimat blieb ihm unverloren* (126). Der polnische Übersetzer scheint hier jegliche Anspielung auf die erste Zeile der polnischen Nationalhymne: *Jeszcze Polska nie zginęła* (deutsch: *Noch ist Polen nicht verloren*) zu meiden. Dadurch wird die Grabsteininschrift nicht in die Richtung eines Bekenntnisses zum Polentum interpretierbar. In seiner Formel *ojczysta ziemia ojczyzną została* (102), wortwörtlich: *die heimatliche Erde ist Heimat geblieben*, klingt dafür viel deutlicher das eigentliche Thema der gesamten Prosa von Grass an: die Problematik der Nationalidentität und der örtlichen Zugehörigkeit einer Nation, die vielmehr psychologischer als politischer Provenienz ist. Es liegt eine *Amplifikation* vor.

Der englische Übersetzer entscheidet sich hierbei für eine mutige bis riskante Lösung. Er schreibt an dieser Stelle: *His Homeland Now Has Been Restored* (125), was im Entstehungsjahr des Romans, also 1992, von einem historischen Blickwinkel aus wohl in erster Linie als *Sein Vaterland ist jetzt wieder hergerichtet worden* zu verstehen war. Dieses geschichtlich bedingte Verständnis ist möglich sowohl in Bezug auf die Geschichte Deutschlands – nach der Wiedervereinigung von 1990, als auch auf die Geschichte Polens – nach der Wende von 1989, jedoch nicht im Original vorgegeben. In diesem Sinne ist eine *Fabrikation* festzustellen.

4.6.2. Aleksandra Piątkowska

Aleksandra Piątkowska vertritt im Roman den Typ eines aufgeklärten, für die gesamteuropäische Annäherung und Versöhnung offenen Polen, der allerdings durch die Last seiner Geschichte – einschließlich der kommunistischen Vergangenheit – geprägt ist und seine Vorurteile gegenüber seinen russischen Nachbarn nicht loswerden kann. Als eine Frau im Großmutteralter verstößt sie gegen bestimmte sittliche Tabus, was als Abkehr von der katholischen Gebotstafel im Sinne der fortschrittlichen westeuropäischen Moral aufgefasst werden kann.

Die Einstellung der Protagonistin gegenüber den Russen wird vom Originalautor als *Hass auf die Russen* (1994: 143) bezeichnet; sie kommt durch wiederholte *Russenbeschimpfung* (175) zum Ausdruck. Diese Haltung, sehr verbreitet in Polen vor der Wende von 1989 (und bis heute nicht ganz überwunden), war historisch, politisch und psychologisch begründet: Durch die Kriegsverbrechen an der polnischen Bevölkerung, die Abhängigkeit des Landes von der sowjetischen Großmacht nach Kriegsende und dem daraus resultierenden Mangel an Bürgerfreiheiten.

Der englische Übersetzer verwendet für dieses Hassgefühl den Begriff *Russophobia* (175), wobei *phobia* gewöhnlich mit krankhafter Angst assoziiert wird, die dementsprechend auch völlig grundlos sein mag. Auf diese Weise wird eine Nationaleigenschaft, die Piątkowska mit ihren meisten Landsleuten teilt, zu ihrem Privatcharakteristikum reduziert. Es liegt somit eine *Reduktion* vor.

Während eines Besuchs des Protagonistenpaars auf dem jüdischen Friedhof wird die Bemerkung formuliert, dass der Zustand der verfallenen jüdischen Grabsteine das wohlbekannte Verhältnis der Deutschen zu Juden veranschaulichen. Der Erzähler gibt zu: *Mit Reschke bin ich einig, dass diese Steine >>zu unserer Zeit schon<< gestürzt sind* (184). Piątkowska kommentiert mit Worten, die ihr menschliches Bewusstsein widerspiegeln, indem sie die Mitschuld der Polen zur Sprache bringt: *Aber wir haben nicht aufgestellt und gutgemacht wieder* (184). Grammatikalisch zwar fehlerhaft eingesetzt, meint das Verb *gutmachen* einen Ersatz für Unrecht oder Schaden.

Dieser Kommentar wurde in der englischen Romanfassung ganz ausgelassen; das Bild der Protagonistin verliert dadurch einen Zug, der aus der Perspektive des deutschen und polnischen Lesers relevant erscheint: den beiden sind Abrechnungen zwischen dem deutschen und jüdischen Volk einerseits, dem jüdischen und polnischen Volk andererseits genauso gut bekannt, wie die Frage der Schuld an der Judenverfolgung – bis heute lebhaft präsent in den polnischen und deutschen Massemedien. Das Problem wurde offensichtlich – vom Standpunkt des potentiellen englischen Lesers aus – als marginal qualifiziert.

Die polnische Übersetzung des Kommentars von Piątkowska lautet: *Ale myśmy ich nie postawili i nie doprowadzili do porządku* (Grass 1992: 149). Diese Formel behält zwar den symbolischen Inhalt der „offenen Rechnung" zwischen Polen und Juden bei, büßt jedoch den expliziten Hinweis des Originals auf geschichtliches Unrecht und Wiedergutmachung ein. Insofern findet eine *Annihilation* statt.

Ein auffälliges Charakteristikum von Piątkowska ist ihre gereifte Erotik, die sich auch in ihrer Ausdrucksweise manifestiert, wenn sie über körperliche Liebe spricht., z. B. *du hast mich gebumst ganz schön* (76). Die Beibehaltung dieser Stilistik wird in beiden Übersetzungen angestrebt. In der polnischen Wiedergabe wird das Vulgäre leicht kaschiert: *Wymłóciłeś mnie jak się patrzy* (63), buchstäblich: Du hast mich gedroschen, wie man sieht. In der englischen Parallelfassung kommt es zu einer leichten Steigerung ins Vulgäre: *you fucked me good* (73). In der Konsequenz kommt es in der englischen Fassung, durch ein Wortspiel, zu einem komischen Effekt in einer Schlüsselszene am See, wo im Hintergrund Unken quaken und Raps blüht (104ff.). Das deutsche Lexem *Raps* ist eindeutig und wurde als solches im Original verwendet, auch in dem Vorwurf, den Piątkowska an ihren Partner richtet: *Kannst du nicht einfach sagen: Ist schön wie Raps blüht!* (106).

Die englische Entsprechung für *Raps* ist nicht mehr eindeutig, denn *rape* wird durch den englischen Muttersprachler auch, oder sogar vor allem, mit Vergewaltigung assoziiert. Der Ausruf *Why can't you just say rape is pretty* (104), mit dem die Sprecherin Reschkes Ausführungen über den frühzeitig blühenden Raps unterbricht, kann somit als Wahrnehmung einer guten Gelegenheit verstanden werden, eine Laszivität verlauten zu lassen. Das linguistische Argument – dass das Attribut *pretty* zum Nomen *rape* in dieser Bedeutung nicht passt, dem darüber hinaus ein Artikel vorangestellt werden müsste – überzeugt hier nicht, denn Piątkowska spricht im Roman gebrochenes Englisch, das mit Unkorrektheiten aller Art gespickt ist, genauso wie ihr mangelhaftes Deutsch im Original. Es liegt eine *Fabrikation* vor.

In der polnischen Parallelfassung taucht das Problem nicht auf: hier ist das Äquivalent für *Raps,* das Substantiv *rzepak,* genauso eindeutig, wie der Originalausdruck. Hier ist eine *Konservation* zu verzeichnen.

4.6.3. Alexander Reschke

Der Professor für Kunstgeschichte ist durch eine schicksalhafte innere Spaltung gekennzeichnet, die sich aus seiner persönlichen Geschichte, die wiederum – wie sonst oft bei Grass – untrennbar mit der Völkergeschichte verflochten ist:

> Die Tatsache, dass nach Ende des zweiten Weltkrieges Millionen Deutsche ihre Heimat, Schlesien und Pommern, Ostpreußen, das Sudetenland und – wie seine und meine Eltern – die Stadt Danzig verlassen mussten, teilte gleichfalls seine **Urteilskraft**, ohne ihn zu zerreißen; denn Reschke litt zwar unter dem Befund, zwei Seelen in seiner Brust zu haben, hätte sich aber nach operativer Entfernung der einen oder anderen als **entseelt** empfunden. Deshalb gestand er in einem Brief, >>hamlethaft deutsch<< zu sein, deshalb schien es ihm erlaubt, dies und zugleich das zu sagen, deshalb sprach er abwechselnd von >>Vertriebenen<< und von >>Umsiedlern<<; (89, Hervorhebungen L. W.).

Die Urteilskraft als herkömmliches Attribut der Vernunft – als solches einer der Leitbegriffe der Philosophie von Kant – wird hier gereiht an die Seele als Hort der Gefühlsregung. Dies ergibt das Bild eines Intellektuellen, dem auch Empfindlichkeit als Gegenpol der puren Rationalität zu Eigen ist. Als „hamlethaft" gilt in der Kultur- und Literaturgeschichte eine Unfähigkeit zur Tat, die aus übermäßiger Zuwendung zu den Unruhen der eigenen Seele resultiert. Es ist ein existenzieller Zustand eines *To-be-o-not-to-be.* Als „entseelt" wäre Reschke den komplementären Gegenpart seiner

Intellektualität los und auf seinen Verstand als einziges Rezeptionsorgan der transzendenten Wirklichkeit angewiesen.

In der polnischen Übersetzung wird *Urteilskraft* als *umysłowość* wiedergegeben, was die Gesamtheit der verstandesmäßigen Fähigkeiten, den allgemeinen Verstandeszustand einer Person meint, während für *entseelt* das Attribut *martwy* (tot) steht (73). Auf diese Weise wird das grundlegende Dilemma zugespitzt: Reschke ohne Konflikt seiner beiden Seelen, ohne permanente Aufforderung zur Ausbalancierung der beiden Gegensätze wäre wie nichtexistent. Es liegt eine *Amplifikation* vor.

In der englischen Parallelfassung wird *Urteilskraft* als *mind* (Verstand) generalisiert, dem Zerrissenheit erspart blieb. Dabei handelt es sich entweder um einen Irrtum bei der Erschließung der Syntax der Vorlage oder eine beabsichtigte Gleichsetzung zwischen Verstand und Seele:

> The fact that after the Second World War millions of Germans were driven from their homeland [...] also divided his mind, though without tearing **it** apart; for if Reschke suffered from feeling that he had "two souls in one breast", it also would have left him soulless had one of them been surgically removed" (85f).

Rückübersetzt: *Die Tatsache, dass Millionen von Deutschen nach dem zweiten Weltkrieg von ihrem Heimatland vertrieben wurden [...] hat auch seinen Verstand geteilt, jedoch ohne **diesen** ganz zu zerreißen; denn wenn es auch Reschke weh tat, dass er „zwei Seelen in einer Brust hatte", hätte es ihn seelenlos zurückgelassen, wäre eine von ihnen chirurgisch entfernt worden.* Im Endergebnis ist hier somit eine *Reduktion* zu verzeichnen.

4.6.4. Verschlucken der Kröte

Der Erzähler handelt im Auftrag seines Schulkameraden, des Romanprotagonisten Reschke, der ihm seine Aufzeichnungen und diverse Dokumente zur Aufarbeitung zugeschickt hat. Die Auseinandersetzung mit den verfügbaren Unterlagen ruft Erinnerungen hervor, zu denen auch das Verschlucken einer lebendigen Kröte durch den Erzähler gehört:

Mag ja sein, dass ich ein einziges Mal nur, um anzugeben oder aus Gutmütigkeit, weil der gelangweilte Haufen das sehen wollte, eine Kröte geschluckt habe. Im Landschulheim oder sonst wo. Kann mich aber nur an Poggen erinnern, die ich auf Sportplätzen oder am Strießbach auf Wunsch schluckte, wieder hochholte und dann weghüpfen ließ. Manchmal drei, vier zugleich. Aber er will gesehen haben, wie ich eine ausgewachsene Kröte, nein, Unke, Rotbauchunke geschluckt, ohne zu würgen, verschluckt, runtergeschluckt habe, rein und weg, ohne Wiederkehr (37).

Die Wendung *eine Kröte schlucken* besitzt im deutschen Sprachgebrauch eine etablierte metaphorische Bedeutung. Sie meint: *Unangenehmes hinnehmen* und wird häufig im Bereich der Politik verwendet. Dieser metaphorische Bedeutung der Wendung entsprechend wird auch das Bild des Verschluckens der Kröte auf den Auftrag des Erzählers übertragen, der sich mit Widerwillen, jedoch konsequent progressiv, in die Lektüre vertieft und dadurch mit der heiklen Problematik der deutsch-polnischen Geschichte und der Wende in beiden Ländern konfrontiert wird:

> Das Verschlucken der titelgebenden Unke ist mit der Erfüllung des Auftrages gleichgesetzt. Da die Idee sich einmal hartnäckig festgesetzt hat, kann der Erzähler, also der Autor Grass, nicht mehr zurück [...]. Im Schlucken des Auftrags bekennt er sich gleichzeitig zu seiner Vergangenheit im Nationalsozialismus. Übertragen auf die Bestätigung seiner Poetik nach Mauerfall und Einheit bedeutet dies: Für Grass kann jene Verpflichtung, die ihm die eigene deutsche Biographie auferlegt hat, nicht enden (Moser 2000: 153).

In der polnischen Sprache gibt es eine entsprechende Wendung von der gleichen Bedeutung, in der jedoch mit dem deutschen Nomen *Kröte* der Begriff der übergeordneten Kategorie, nämlich *żaba* (Frosch) korrespondiert, sie lautet: *połknąć żabę* (einen Frosch schlucken). Der polnische Übersetzer entscheidet sich jedoch an der oben angeführten Stelle nicht für diese idiomatische Wiedergabe, sondern er übersetzt Wort für Wort. Die Formel *połknąć ropuchę* (eine Kröte schlucken – 31) hat jedoch nicht den gleichen Assoziationseffekt. Der Übersetzer scheint hier den figurativen

Wert der Originalwendung übersehen zu haben. Hier tritt somit eine *Annihilation* auf.

Im englischen Sprachgebrauch kann der Originalwendung *eine Kröte schlucken* keine semantisch vergleichbare feste Wendung mit der gleichen Referenz zugeordnet werden. Die buchstäbliche Übersetzung *swallow a toad* (33) enthält gar keinen metaphorischen Wert. Dies bedeutet ebenfalls eine *Annihilation*.

SCHLUSSBEMERKUNGEN: DAS SPIEL MIT WORT UND WERK

Eine wissenschaftliche Untersuchung eines Sprachwerks, das in seiner Einmaligkeit zahlreiche Aspekte aufweist – und zwar sowohl hinsichtlich der Textualität schlechthin als auch im Zusammenhang mit dem künstlerischen Wert des Produkts – muss notwendigerweise auf selektierte Aspekte eingeschränkt werden. Deswegen ist auch die Aspektwahl von großer Relevanz und es erscheint sinnvoll, auf alternative Aspekte hinzuweisen, nach denen das Werk untersucht werden könnte. Das tut die vorliegende Arbeit, indem sie auf eine *semantische Figur* als mögliche Untersuchungseinheit hinweist und diese als Gegenstand einer *spielerischen* Handhabung durch den Übersetzer markiert. Der Begriff einer semantischen Figur ist dabei nicht neu, er wurde aus der Literaturwissenschaft übernommen. Für Ergebnisse des spielerischen Umgangs mit semantischen Figuren wurden dagegen neue Termini – *Fabrikation, Annihilation, Amplifikation, Reduktion* und *Konservation* – geprägt. Diese Ergebnisse wurden teilweise als unbeabsichtigte Nebenprodukte der bewusst eingesetzten Übersetzungsstrategien und -techniken geschildert.

Im vorausgehenden Kapitel wurden einige gewählte semantische Figuren aus dem Werk von Günter Grass, ohne jeglichen Anspruch auf Vollständigkeit, geschildert. Der Versuch einer vollständigen Darstellung einer semantischen Figur wäre nicht weniger ein Spiel mit dem Werk als die vorliegende Präsentation gewählter Aspekte dieser Figuren. Eine semantische Figur setzt sich nämlich – potentiell, objektiv – aus allen Textelementen zusammen, durch die sie aufgebaut ist, wird aber – praktisch, subjektiv – vom Interpreten aus gewählten, als relevant erkannten Konstituenten zusammengefügt. Sie existiert somit – wie das Sprachsystem – virtuell, in potentia, und wird jeweils durch interpretatorische Performanzen aktualisiert. Im Akt der Interpretation kann eine semantische Figur bloß in einem kompakten Grundriss erfasst, oder aber zu einem facettenreichen, nuancierten Gebilde erweitert werden. Vor allem Letzteres ist auch „gegen den Strich" der eigentlichen Absicht des Verfassers möglich.[53]

Nicht nur die ganzen Sätze, sondern auch die einzelnen Wörter als Konstituenten eines Sinngebildes, prägen verschiedene Figuren und verschieben die Grenzen von deren Interaktion. In der Übersetzung kommt es unvermeidlich – wie im vorausgehenden Kapitel veranschaulicht – zu einer neuen Verteilung der Interferenzkräfte. Das Wechselspiel der semantischen Figuren wird neu arrangiert, was manchmal überraschende Wirkungen generiert. Beispielsweise tritt der komische Effekt an einer im Original ernst gemeinten Stelle auf, Ironie wird durch Ernst ersetzt, eine Symbolik verschwindet oder taucht auf. Dies ergibt sich teilweise – notgedrungen – aus der Andersartigkeit des Sprachsystems, die in Äquivalenzbeziehungen innerhalb eines Sprachpaares wieder gespiegelt werden kann. Die komparative Stilistik im Sinne von Vinay und Darbelnet[54] liefert in diesem Bereich partiell fertige Erklärungen und Lösungen. Eine andere Ursache der Verschiebungen unter semantischen Figuren fällt zusammen mit Übersetzerentscheidungen im Dienst der übergeordneten Strategie, die einander determinieren und generieren, und dadurch neue Assoziationsfelder eröffnen. Diese Entscheidungen können den übergeordneten Normen entspringen, denen der Übersetzer in einer bestimmten Epoche und in einem bestimmten Kulturraum verpflichtet ist. Nicht zu unterschätzen ist dabei jedoch der spielerische Umgang des Übersetzers mit Werk und Sprache, der regelmä-

---

53   Die eigentliche Absicht des Verfassers ist ein unscharfer Begriff. Es ist keine Selbstverständlichkeit, dass die eigenen Aussagen des Autors – falls sie überhaupt vorliegen – in dieser Hinsicht als letzte Instanz heranzuziehen sind, und zwar schon aus dem Grund allein, dass sie meistens a posteriori, nach Abschluss des Schaffensprozesses und aus einiger Distanz zum Werk, geliefert werden. Darüber hinaus handelt es sich dabei um deklarative Absicht schlechthin, die künstlerisch nicht unbedingt komplett umgesetzt worden ist.

54   Vinay und Darbelnet unterscheiden sieben übersetzerische Elementarprozeduren, von denen vier (*Direktentlehnung, Kalkierung, Substitution und Transposition*) linguistische Natur aufweisen, und drei weitere (*Modulation, Äquivalenz und Adaptation*) interpretativ-kulturellen Charakter haben (1995).

ßig zu unergründlichen, herausfordernden Lösungen führt, die in ihrer Art einmalig und nur in der persönlichen ästhetischen Veranlagung des Übersetzers begründet sind.

Das Spiel besteht in der freien Umsetzung der Regeln, die gewöhnlich mit der Zeit selbst geändert, bzw. variiert werden. Die Freiheit des spielerischen Umgangs des Übersetzers mit seiner Vorlage dehnt den Umfang des Begriffs einer *Übersetzung als Produkt* aus; die Reichweite dieses Begriffs erfasst an seinen Extremen einerseits die wortwörtliche Wiedergabe nach Prinzipien der formalen Äquivalenz, andererseits die Adaptation, in der das Äquivalenzprinzip nur selektiv, bei ausgewählten Aspekten der Vorlage Anwendung findet. Anlass zur Veränderung der Regeln gibt oft der wiederholte, kreative Verstoß der Spieler gegen die geltenden Vorschriften – kreativ in dem Sinn, dass er die Attraktivität oder Effektivität des Events steigert. Die Übersetzungstätigkeit, wie sie seit Jahrhunderten ausgeübt und theoretisch begründet wird, veranschaulicht die Plastizität der Regeln, die in der letzten Zeit immer mehr zugunsten des Empfängers modifiziert werden.

Die Übersetzung weist in mehrfacher Hinsicht Spielcharakter auf:

1. Der Übersetzer weiß um die Unmöglichkeit, das Originalwerk zu klonen; trotzdem beteiligt er sich an der Mystifikation, deren Endergebnis die Verbreitung seiner Leistung mit dem Schild des Originals darstellt. Die Übersetzung wird als solche in den Kategorien der Manipulation bzw. Reproduktion definiert. Die Idee einer leserkonformen Gestaltung des Übersetzungstextes, als Initialnorm und Wirkungsstrategie, bedeutet an sich schon einen Verrat an der „absoluten Wahrheit" des Werkes, ein Konzessionsmanöver gegenüber dem Ernst des Einmaligen, das vervielfältigt und multipliziert wird.

2. Die Übersetzung ist das Schicksal des Werkes, dessen Existenzweise, die mit der Zeit Gleichberechtigung mit der Seinsart des Originals erreicht; Dieser Tatsache wird der Begriff der Parallelfassung gerecht. Der Leser weiß um den Parallelcharakter des Übersetzungstextes, trotzdem zollt er ihm den Tribut des Ernstes, der dem Original gebührt. Das Spiel

kann als solches nur ausgetragen werden, wenn es für seine Dauer mit Ernst betrieben wird.

3. Eine getroffene Übersetzerentscheidung schränkt die Wahlpalette ein und determiniert die weiteren Entscheidungen: Sie kann, wie auch die Spielentscheidung, nicht rückgängig gemacht werden. Obwohl der Übersetzer im Laufe seiner Tätigkeit jede seiner Entscheidungen ändern kann, ist die Endgültigkeit einer jeden Entscheidung Voraussetzung für die Effektivität seiner Arbeit: Eine jede Entscheidung ist früher oder später als final zu qualifizieren.

4. Die Übersetzung eines literarischen Werkes ist um die Wiedergabe eines Wechselspiels von semantischen Einheiten bemüht. Dieses Wechselspiel wird in der Übersetzung teilweise – als eine Art Spiel im Spiel – neu organisiert, was sich aus den Äquivalenzbeziehungen zwischen zwei Sprachsystemen ergibt. Zu dieser Neuorganisation des Wechselspiels gehört die totale oder partielle Ausfüllung der vorhandenen Leerstellen, sowie die totale oder partielle Aufhebung der vorhandenen Beziehungen zwischen semantischen Einheiten.

5. Zur Finalgestalt der Übersetzung trägt, wie bei jedem Spiel, auch der Zufall bei: Missverstehen, mangelnde Aufmerksamkeit, Lücken in der Sprachkompetenz des Übersetzers, ein momentaner, nicht weiter überlegter Einfall, eine persönliche Präferenz oder Laune des Übersetzers. All das verursacht Brüche in dem (mehr oder weniger) einheitlichen Konzept der Übersetzung. Es ist auch nicht einfach, den Anteil des Zufalls und die bewussten Übersetzerentscheidungen auseinander zu halten. Für einen Forscher scheinen diese Zufälligkeiten nur insofern interessant zu sein, als sie ein Element des Spiels mit Werk darstellen, indem sie die Konturen der semantischen Figuren, sowie die Relationen unter den Figuren modifizieren.

6. Die einzelnen Übersetzungslösungen sind – wie die einzelnen Züge im Spiel – dem ganzen Unternehmen untergeordnet. Trotzdem wird teilweise ein Fragment, eine einzelne Aufgabe ausgekostet, indem der Stellenwert des Details in dem ganzen Gefüge außer Acht gelassen

wird. Der Übersetzer ordnet sich nicht ganz einer Anfangsstrategie bzw. -norm unter, sondern er sieht stellenweise einzelne Textpassagen, Äußerungen bzw. Lexeme als separate Herausforderungen an. Deswegen scheint eine Mischform der Forschungsmethode begründet zu sein, die mit dem Konzept der semantischen Figur als Untersuchungseinheit des literarischen Werkes vorgelegt wird.

7. Zur Ausführung der Übersetzerarbeit gehört, wie fast zu jedem Spiel, der Fehler, der manchmal sehr schwer von einer gewagten Entscheidung zu unterscheiden ist. Eine Vielfalt der legitimen Übersetzungsstrategien und Techniken relativiert den Fehlerbegriff, der von dem angenommenen Kriterium des Urteils abhängt. Die Nichtbeseitigung der Fehler in den weiteren Auflagen der Parallelfassung zeugt von der Akzeptanz des Fehlers als fester Bestandteil der übersetzerischen Performanz, der an der Identität des Werkes nicht rüttelt.

8. Eine unmittelbare Konfrontation von zwei anderssprachigen Translaten zeigt deutlich genug, dass Abweichungen vom Original nicht an denselben, „schwierigen" – weil interpretationsbedürftigen – Textstellen schlechthin zu verzeichnen, sondern stellenweise der Lust des Übersetzers auf einen kreativen Einschub zuzuordnen sind. Dies belegt die Bedeutsamkeit der psychologischen Faktoren bei der Übersetzungsproduktion, die praktisch nur schwer eindeutig klassifizierbar, weil zum Teil bloß spontan und willkürlich.

Bei einer künstlerischen Übersetzung geht es nicht um Leben und Tod; diese simple Tatsache prägt eine andere Art der Verantwortung des Übersetzers für seine Leistung, die eher virtuellen als konkreten Charakter hat. Aus diesem Grund ist das spielerische Element im Umgang mit der Vorlage überhaupt zulässig: das literarische Werk wurde oft genug selbst in ihrer Spielartigkeit aufgefasst. Das Spiel des Übersetzers mit seiner Vorlage besteht hauptsächlich in der Herstellung eines neuen Referentialitätsnetzes, das den Bezügen einzelner semantischer Figuren aufeinander neue Horizonte eröffnet. Durch *Fabrikation* – die Herstellung einer semantischen Figur, bzw. eines Sinnzusammenhangs zwischen zwei oder mehr vorhandenen semantischen Figuren – entsteht ein übersetzerischer Mehrwert in

Form von zusätzlichen, im Original nicht vorgegebenen Interpretationspotenzen. Dagegen *Annihilation*, die Aufhebung einer semantischen Figur, bzw. eines Sinnzusammenhangs zwischen zwei oder mehr semantischen Figuren, bringt eine Art übersetzerische Mehrwertsteuer: Die Abgabe, die notgedrungen mit der Reproduktion des Werkes verbunden ist. *Fabrikation* und *Annihilation* in diesem Sinne begleiten den Reproduktionsprozess und verleihen dem Finalprodukt neue Züge, die es vom Original unterscheiden. Bei *Reduktion* und *Amplifikation* handelt es sich entsprechend um eine Abschwächung oder Verstärkung der Aussagekraft einer semantischen Figur, bzw. des Verhältnisses zwischen zwei oder mehr semantischen Figuren, was in der Konsequenz zu einer neuen Akzentuierung der Werkproblematik führen kann und interpretatorische Folgen generiert.

Ursachen für *Fabrikation* und *Annihilation*, sowie *Reduktion* und *Amplifikation*, können sich aus den Unterschieden in den Sprachsystemen der Ausgangs- und der Zielsprache ergeben, insbesondere aus den Äquivalenzarten auf der Wortebene, sowie aus der Andersartigkeit der Gastkultur gegenüber der Originalkultur. Aber es ist unübersehbar, dass der Übersetzer im Laufe seiner Arbeit auch einem nativen, in der Wissenschaft belegten Spielinstinkt nachgibt, der ihn zu gewagten, interpersonell nicht oder nur schwer nachvollziehbaren Entscheidungen treibt. Das Spielerische der Übersetzertätigkeit wird auch an den Bemühungen des Übersetzers um die *Konservation* des Spiegels von semantischen Figuren sichtbar, die oft gewagten, kreativen Sprachgebrauch erfordern.

Der spielerische Umgang des Übersetzers mit dem Werk findet somit seinen Niederschlag in der Ausfüllung mancher Leerstellen des Originals und der Eröffnung anderer, in der Vorlage nicht präsenter Leerstellen; das Netz der Sinnbezüge wird dadurch teilweise neu geknüpft. Zum Spiel des Übersetzers mit Werk gehört auch die Handhabung des Titels, der eine semantische Figur an sich darstellt. An angeführten Beispielen wurde gezeigt, dass der Titel in verschiedenen Gastkulturen differenzierte Wirkungskräfte aufweist und des Öfteren auf differenzierte Art und Weise mit semantischen Figuren des Werktextes integriert wird.

Das Spiel des Übersetzers mit der Sprache ist hier nicht als Sprachspiel im Sinn einer gezielten Aneinanderreihung polysemer Bedeutungsträger gemeint, die einen überraschenden Kommunikationseffekt ergeben sollte. Das übersetzerische Spiel mit der Sprache ist vielmehr mit „Risiken und Nebenwirkungen" identisch, die der Übersetzer als Imitator der Vorlage im Prozess der Ausgestaltung des Sprachstoffes eingeht, und hat dadurch eine Ähnlichkeit mit dem sprichwörtlichen „Spiel mit dem Feuer". Auf der Suche nach einer äquivalenten Wiedergabe des Wortes werden Selektionen getroffen, deren weiterführendes Assoziationsfeld sich nicht ganz unter der Kontrolle des Übersetzers befindet. Andererseits lässt sich der Übersetzer stellenweise vom Reiz des Wortes tragen und nimmt den Begleiteffekt in Kauf, der am Sinn des Originals vorbeizielt.

Als Spiel mit Sprache, das hier nicht als Spiel mit einer konkreten Sprache – der des Originals oder der der Übersetzung – definiert ist, ist auch die Initialnorm zu qualifizieren. Der Entschluss, eine Transposition des Originals im Sinn von Jakobson zu unternehmen, ist eine Entscheidung gegen das Potential der Übersetzungssprache und ein „Verteidigungsspiel" im Dienst eines übergeordneten Wertes, des Originals. Die leserkonforme Handhabung der Vorlage bedeutet hingegen eine Entscheidung gegen die Spezifik des Originalausdrucks und somit gegen die Ausgangssprache, die zum vermittelnden Medium der Inhalte herabgestuft wird, die einen neuen Ausdruck verliehen bekommen. Aber das Spielerische des eigentlichen Übersetzungsprozesses wird an der Inkonsequenz wirklich spürbar, mit der sich die Übersetzer nach der Initialnorm richten. Der Hang des polnischen Übersetzers zur Transposition, wird stellenweise durch schöpferische Eskapaden abgelöst, während die allgemeine Neigung des englischen Übersetzers zur leserkonformen Textgestaltung buchstäbliche, in Unverständlichkeit mündende Wiedergaben nicht auszuschalten vermag.

Das übersetzerische Spiel mit Wort und Werk manifestiert sich jedoch am prägnantesten am großen hermeneutischen Übersetzungszirkel, dessen Gang sich von Gastkultur zu Gastkultur unterscheidet und dabei immer durch die Individualität des Übersetzers, seine persönliche Präferenzen, mit gestaltet wird. Der Übersetzer selbst kann ihn auch nur partiell kontrollieren, weil dieser Prozess in seinem Wesen hermeneutischen Charakter hat und als solcher von *geschichtlich* bedingter Subjektivität des Interpreten mitbestimmt wird.

BIBLIOGRAPHIE

Quellenverzeichnis:

1. Originaltexte von Günter Grass:

- Der Butt (1993), München, dtv.
- Unkenrufe (1994), München, dtv.
- Danziger Trilogie (1999), München, dtv.
- Gespräche mit Günter Grass (1987), in: Grass, Günter, Werkausgabe in zehn Bänden, Darmstadt/Neuwied, Band X, herausgegeben von Klaus Stallbaum.

2. Englische Übersetzungen der Werke von Günter Grass, übersetzt von Ralph Manheim:

- The Flounder (1999), Originaltitel: *Der Butt*, London, Vintage.
- The call of the toad (2000), Originaltitel: *Unkenrufe*, London, Vintage.
- The Danzig Trilogy: The tin drum, Cat and mouse, Dog years (ohne Jahresangabe), Originaltitel: *Danziger Trilogie: Die Blechtrommel, Katz und Maus, Hundejahre*, New York, MJF Books.

3. Polnische Übersetzungen der Werke von Günter Grass:

- Wóżby kumaka (1992), Originaltitel: *Unkenrufe*, übersetzt von Sławomir Błaut, Gdańsk, Wydawnictwo Morskie.

- Turbot (1995), Originaltitel: *Der Butt*, übersetzt von Sławomir Błaut, Gdańsk, Wydawnictwo Oskar.
- Kot i mysz (1982), Originaltitel: *Katz und Maus*, übersetzt von Irena und Egon Naganowski, Gdańsk, Wydawnictwo Morskie.
- Blaszany bębenek (1984),Originaltitel: *Die Blechtrommel*, übersetzt von Sławomir Błaut, Warszawa, PIW.
- Psie lata (1990), Originaltitel: *Hundejahre*, übersetzt von Sławomir Błaut, Gdańsk, Wydawnictwo Morskie.

4. Das Werk von Margaret Mitchell:

- Gone with the wind (1963), New York, Pocket Books Inc.
- Mit dem Winde verweht (1980), übersetzt von Martin Beheim-Schwarzbach, Hamburg, H. Goverts Verlag.
- Przeminęło z wiatrem (1988), übersetzt von Celina Wieniewska, Warszawa, Czytelnik.

Monographien:

- Bassnett-McGuire, Susan (1980), *Translation Studies*, London.
- Boßmann, Timm (1997), *Der Dichter im Schussfeld. Geschichte und Versagen der Literaturkritik am Beispiel Günter Grass*, Marburg.
- Chesterman, Andrew (1997), *Memes of Translation. The spread ideas in Translation Theory*, Amsterdam/Philadelphia.
- Catford, John C. (1965), *A Linguistic Theory of Translation. An Essay in Applied Linguistics*, London.
- Dilthey, Wilhelm (1924), *Gesammelte Schriften. Bd.5 (Die geistige Welt. Einleitung in die Philosophie des Lebens)*, Leipzig/Berlin.
- Derselbe (1988), *Das Erlebnis und die Dichtung*, Leipzig.
- Durzak, Manfred (1979), *Der deutsche Roman der Gegenwart. Entwicklungsvoraussetzungen und Tendenzen*, Stuttgart.
- Eco, Umberto (1977), *Das offene Kunstwerk*, Frankfurt/M.
- Derselbe (1996), *Zwischen Autor und Text. Interpretation und Überinterpretation*, München.
- Fawcett, Peter (1997), *Translation and Language. Linguistic Theories Explained*, Manchester
- Gadamer, Hans-Georg (1990), *Wahrheit und Methode. Grundzüge einer philosophischen Hermeneutik*, Tübingen.
- Gentzler, Edwin (1993), *Contemporary Translation Theories*, London/New York.
- Gerzymisch-Arbogast, Heidrun (1994), *Übersetzungswissenschaftliches Propädeutikum*, Tübingen und Basel.
- Hatim, Basil + Mason, Ian (1996), *The Translator as Communicator*, London/New York.

- Havelock, Eric (1992), *Als die Muse schreiben lernte*, übersetzt von Enderwity,U./Hentschel,R., Frankfurt/M.
- Hawthorn, Jeremy (1994), *Grundbegriffe moderner Literaturtheorie*, übersetzt von W. Kolb, Tübingen.
- Hermans, Theo (1999), *Translations in systems*, London/New York.
- Hermes, Daniela/Neuhaus, Volker (Hrsg.) (1990), *Günter Grass im Ausland. Texte, Daten, Bilder*, Frankfurt/M.
- Holmes, James (1988), *Translated! Papers on literary translation and Translation Studies*, Amsterdam.
- Holz-Mänttäti, Justa (1984), *Translatorisches Handeln*, Helsinki.
- Hönig, Hans G./Kussmaul, Paul (1984), *Strategie der Übersetzung*, Tübingen.
- Honsza, Norbert (1997), *Günter Grass. Skizze zum Porträt*, Wrocław.
- Ingarden, Roman (1968), *Vom Erkennen des literarischen Kunstwerkes*, Tübingen.
- Derselbe (1988), *O dziele literackim*, übersetzt von Maria Turowicz, Warszawa.
- Iser, Wolfgang (1971), *Die Appelstruktur der Texte*, Konstanz.
- Jäger, Gert (1975), *Translation and Translationslinguistik*, Halle (Saale).
- Jumpelt, Walter (1961), *Die Übersetzung naturwissenschaftlicher und technischer Literatur. Sprachliche Maßstäbe und Methoden zur Bestimmung ihrer Wesenszüge und Probleme*, Berlin-Schöneberg.
- Kade, Otto (1968), *Zufall und Gesetzmäßigkeit in der Übersetzung (Beihefte zur Zeitschrift Fremdsprachen, I)*, Leipzig.
- Keele, Alan Frank (1988), *Understanding Günter Grass*, Columbia.

- Koller, Werner (1972), *Grundprobleme der Übersetzungstheorie*, Berlin/München.
- Derselbe (1992), *Einführung in die Übersetzungswissenschaft*, Heidelberg/Wiesbaden.
- Krysztofiak, Maria (1999), *Przekład literacki a translatologia*, Poznań.
- Legeżyńska, Anna (1999), *Tłumacz i jego kompetencje autorskie*, Warszawa.
- Leusch, Martin (2000), *Spielen, was (nicht) im Buche steht. Die Bedeutung der Leerstelle für das literarische Rollenspiel*, Münster/New York/Berlin.
- Levy, Jiri (1967), *Die literarische Übersetzung. Theorie einer Kunstgattung,* übers. von Walter Schamschula, Frankfurt/M, Bonn.
- Lewicki, Roman (2000), *Obcość w odbiorze przekładu*, Lublin.
- Lipiński, Krzysztof (1986), *Übungstexte zur Methodologie der literarischen Übersetzung*, Kraków.
- Derselbe (1989), *Goethes „Faust" als Übersetzungsvorlage*, Kraków.
- Derselbe (2000), *Vademecum tłumacza*, Kraków.
- Majkiewicz, Anna (2002), *Proza Güntera Grassa. Interpretacja a przekład*, Katowice.
- Miles, Keith (1975), *Günter Grass*, London.
- Neuhaus, Volker (1997), *Erläuterungen und Dokumente. Günter Grass, Die Blechtrommel*, Stuttgart.
- Neuhaus, Vollker (1992), *Günter Grass. 2., überarbeitete und erweiterte Auflage*, Stuttgart.

- Neuhaus, Volker (1993), *Günter Grass*, J.B. Metzler, Stuttgart/Weimar-Nord, Christiane (1993), *Einführung in das funktionale Übersetzen*, Tübingen und Basel.
- Mayer-Iswandy, Claudia (1991), *Vom Glück der Zwitter: Geschlechterrolle und Geschlechterverhältnis bei Günter Grass*, Frankfurt/M.
- Moser, Sabine (2000), *Günter Grass. Romane und Erzählungen.* Berlin.
- Nida, Eugene (1964), *Toward a Science of Translating*, Leiden.
- Derselbe/Taber, Charles (1969), *The theory and practice of translation*, Leiden. Oettinger,John (1960), *Automatic language translation: lexical and technical aspects with particular reference to Russian*, Cambridge.
- Pisarska, Alicja/Tomaszkiewicz, Teresa (1998), *Współczesne tendencje przekładoznawcze*, Poznań.
- Pieńkos, Jerzy (1992), *Przekład i tłumacz we współczesnym świecie*, Warszawa.
- Pym, Anthony (1992), *Translation and Test Transfer. An essay on the Principles of Intercultural Communication*, Frankfurt am Main/Berlin/Bern/New York/Paris/Wien.
- Reddick, John (1975), *The 'Danzig Trilogy' of Günter Grass*, London.
- Reich-Ranicki, Marcel (1992), *Günter Grass. Aufsätze*, Zürich.
- Reiß, Katharina (1976), *Textyp und Übersetzungsmethode. Der operative Text*, Kronberg/Ts.
- Ritter, Alexander (1977), *Erläuterungen und Dokumente, Günter Grass, Katz und Maus*, Stuttgart.
- Sauerland, Karol (1986), *Od Diltheya do Adorna. Studia z estetyki niemieckiej*, Warszawa.

- Sapir, Edward (1994), *The psychology of culture: a course of lectures*, Berlin/New York.
- Stolze, Radegundis (1992), *Hermeneutisches Übersetzen*, Tübingen.
- Dieselbe (2000), *Übersetzungstheorien. Eine Einführung*, Tübingen.
- Światłowski, Zbigniew (1987), *Günter Grass*, Warszawa.
- Derselbe (2000), *Günter Grass, portret z bębenkiem bębenkiem ślimakiem*, Gdańsk.
- Tabakowska, Elżbieta (1993), *Cognitive linguistics and poetics of translation*, Tübingen.
- Toury, Gideon (1995), *Descriptive Translation Studies and beyond*, Amsterdam/Philadelphia.
- Venuti, Lawrence 1995), *The Translator's Invisibility. A history of translation*, New York.
- Derselbe (2000), The scandals of translation, Amsterdam/Philadelphia.
- Vermeer, Hans (1983), *Skopos und Translationsauftrag–Aufsätze*, Heidelberg.
- Vinay, Jean-Paul/Darbelnet,Jean (1995), *Comparative Stylistic of French and English*, übers, von J. C. Sager, Amsterdam/Pholadelphia.
- Wawrzyniak, Zdzisław (1991), *Praktyczne aspekty translacji literackiej na przykładzie języków niemieckiego i angielskiego*, Warszawa.
- Whorf, Benjamin (1982), *Język, myśl i rzeczywistość*, übersetzt von T. Hołówka, Warszawa.
- Wille, Lucyna (2002), *Uniwersalistyczne implikacje teorii przekładu*, Rzeszów.

- Wills, Wolfram (1977), *Übersetzungswissenschaft. Probleme und Methoden*, Stuttgart.
- Derselbe (1999), *Transaltion and interpreting*, Amsterdam.
- Witte, Heidrun (2000), *Die Kulturkompetenz des Translators. Begriffliche Grundlegung und Didaktisierung*, Tübingen.
- Xie, Ming (1999), *Ezra Pound and the appropriation of Chinese poetry*, New York/London.
- Zima, Peter V. (1995), *Literarische Ästhetik: Methoden und Modelle der Literaturwissenschaft*, Tübingen. Beiträge aus Sammelbänden:
- Angress, Ruth K. (1982), *Der Butt—a Feminist Perspective*. In: Bauer Pickar, G. (Hrsg.), Adventures of a Flounder: Critical Essays on Günter Grass' Der Butt, S. 43-50, München.
- Balcerzan, Edward (1999), *Tajemnica istnienia (sporadycznego) krytyki przekładu*. In: Fast, P. (Hrsg.), Krytyka przekładu w systemie wiedzy o literaturze, Katowice, S. 25-38.
- Baumgart, Reinhard (1997), *Der große Bänkelsang*. In: Neuhaus, V. (Hrsg.), Erläuterungen und Dokumente. Günter Grass, Die Blechtrommel, Stuttgart, S. 129-133.
- Błaut, Sławomir (1999), *Polak tłumaczy Grassa*. In: Janion, M. (Hrsg.), Günter Grass i polski Pan Kichot, Gdańsk, S. 219-223.
- Burgess, Anthony (1990), *Ein Fisch unter Feministinnen*. In: Hermes, D./Neuhaus, V. (Hrsg.), Günter Grass im Ausland: Texte, Daten, Bilder, München, S. 75-79.
- Delabastita, Dirk (1991), *A False Opposition in Translation Studies: Theoretical versus/and Historical Approaches*. In: Target 3:2, S. 137-152.
- Frege, Gottlob (1892), *Über Sinn und Bedeutung*. In: Zeitschrift für Philosophie und philosophische Kritik, S. 25-50.

- Hermans, Theo (1999), *Translation and normativity*. In: Schäffner, Christina (Hrsg.), Translation and Norms, Cleveland/Philadelphia/Toronto/Sydney/Johannesburg, S. 50-71.
- Holmes, James (1978), *Describing Literary Translation: Models and Methods*. In: Derselbe/Lambert,J./V den Broeck, R. (Hrsg.), Literature and translation, Leuven, S. 69-82.
- Honsza, Norbert (1997), *Günter Grass und die "polnische Schlinge"* In: Derselbe (Hrsg.), Interkulturelle Perspektiven. Germanistische Beiträge. Germanica Wratislawiensia CXIX, S. 77-82.
- Jakobson, Roman (1959), *On Linguistic Aspects of Translation*. In: Brower, R. (Hrsg.), On Translation, Cambridge, S. 232-239.
- Komissarov, Vilen (1977), *Zur Theorie der linguistischen Übersetzungsanalyse*. In: Kade, O. (Hrsg.), Vermittelte Kommunikation, Sprachmittlung, Translation, Leipzig; S. 44-51.
- Krysztofiak, Maria (1993), *Polnische Symbolik und Metaphorik in den Gedichten von Günter Grass und ihre Widerspiegelung in den polnischen Übersetzungen*. In: Frank,Armin Paul/Maaß, Kurt-Jürgen (Hrsg.), Übersetzen, Verstehen, Brücken bauen. Geisteswissenschaftliches und literarisches Übersetzen im internationalen Kulturaustausch, Teil 2, Berlin, S. 508-515.
- Neubert, Albrecht (1991), *Models of Translation*. In: Tirkkonen-Condit, S. (Hrsg.), Empirical research in translation and intercultural studies, Tübingen, S. 17-26.
- Nida, Eugene (1981), *Das Wesen des Übersetzens*. In: Wills, W. (Hrsg.), Übersetzungswissenschaft, Darmstadt, S. 123-149.
- Nord, Christiane (1991), *Der Buchtitel in der interkulturellen Kommunikation: Ein Paradigma funktionaler Translation*. In: Tirkkonen-Condit, S. (Hrsg.), Empirical research in translation and intercultural studies, Tübingen, S. 121-129.

- Paepcke, Fritz (1994),*Textverstehen –Textübersetzen – Übersetzungskritik*. In: Snell-Hornby, M.(Hrsg.), Übersetzungswissenschaft. Eine Neuorientierung, Tübingen, S. 106-132.
- Reiß, Katharina (1993), *Adäquatheit und Äquivalenz*. In: Holz – Mänttäri, J.+ Nord. Ch.(Hrsg.), Traducere navem. Festschrift für Katharina Reiß zum 70. Geburtstag, Tampere, S. 80-89.
- Ricoeur, Paul (1989), *Zadanie hermeneutyki*. In: Ricoeur,P., Język, tekst, interpretacja, übersetzt von P. Graff, Warszawa, S. 191-224.
- Derselbe (1989a), Przyswojenie, ebda, S. 272-289.
- Rosenberg, Rainer (1998), *Nachwort*. In: Dilthey, Wilhelm, Das Erlebnis und die Dichtung. Lessing. Goethe. Novalis. Hölderlin, Leipzig, S. 389-427.
- Schäffner, Christina (1999), *The Concept of Norms in Translation Studies*. In: Dieselbe (Hrsg.), a. a. O., S. 1-8.
- Snell-Hornby, Mary (1994), *Übersetzen, Sprache, Kultur*. In: Dieselbe (Hrsg.), Übersetzungswissenschaft. Eine Neuorientierung, Tübingen, S. 9-29.
- Stolze, Radegundis (1994), *Hermeneutik und Textlinguistik*. In: Snell-Hornby, M. (Hrsg.), Übersetzungswissenschaft. Eine Neuorientierung, Tübingen, S. 133-159.
- Toury, Gideon (1978), *The nature and role of normr in literary translation.*, In: Holmes,J./Lambert,J.,Van de Broeck,R. (Hrsg.), Literature and translation, S. 83-99.
- Derselbe (1991), *Experimentation in Translation Studies: Achievements, Prospects and Some Pitfalls*. In: Tirkkonen-Condit, S. (Hrsg.), Empirical research in translation and intercultural studies, Tübingen, S. 45-66.

- Derselbe (1999), *A handful of „Paragraphs' on ,Translation' and ,Norms'*. In: Schäffner, Ch. (Hrsg.), Translation and Norms, Clevedon/Philadelphia/Toronto/Sydney/Johannesburg, S. 9-31.
- Van den Broeck, Raymond (1978), *The Concept of Equivalence in Translation Theory: Some Critical Reflections*. In: Derselbe/Lambert, J./Holmes, J.(Hrsg.), Literature and Translation, Leuven, S. 29-47.
- Derselbe (1996), *Translational Interpretation: A Complex Strategic Game*. In: Beylard-Ozeroff, A./Kralova, J./Moser-Mercer,B. (Hrsg.), Translator's strategies and creativity, Amsterdam/Philadelphia, S. 1-13.
- Van Leuven-Zwart, Kitty (1991), *Translation and Translation Studies: Discord or Unity?*. In: Tirkkonen-Condit, S. (Hrsg.), Empirical research in translation and intercultural studies, Tübingen, S. 35-44.
- Vermeer, Hans (1986), *Übersetzen als kultureller Transfer*. In: Snell-Hornby, M. (Hrsg.), Übersetzungswissenschaft. Eine Neuorientierung, Tübingen, S. 30-53.
- Wawrzyniak, Zdzisław (2002), *Zasady rozumienia jako warunki konstytutywne tłumaczenia*. In: Koźbiał, Jan (Hrsg.), Recepcja. Transfer. Przekład, Warszawa, S. 39-46.
- Wille, Lucyna (2001), *Powieść stulecia przed „Moim stuleciem", czyli „Rozległe pole" Güntera Grassa*. In: Uliasz, S. (Hrsg.), Zeszyty Naukowe Wyższej Szkoły Pedagogicznej 41, Seria Filologiczna, Historia Literatury, S. 91-96.

www.ingramcontent.com/pod-product-compliance
Lightning Source LLC
Chambersburg PA
CBHW020121010526
44115CB00008B/922